BACHGEN BACH
O FRYNCOCH

Argraffiad cyntaf: Tachwedd 1993

ⓗ *Gwasg Carreg Gwalch*

*Rhif Llyfr Safonol Rhyngwladol:
0-86381-272-4*

*Dymuna'r Cyhoeddwyr gydnabod cymorth
Adran Olygyddol y Cyngor Llyfrau Cymraeg.*

*Clawr: Gerallt Llywelyn
(atgynhyrchwyd gyda chaniatâd caredig S4C)*

*Cartwnau tu mewn:
George Cecil Parry*

*Argraffwyd a chyhoeddwyd gan Wasg Carreg Gwalch,
Capel Garmon, Llanrwst, Gwynedd.
☎ Betws-y-coed (0690) 710261*

*Diolch i Wali, Cefn Rhydd a Ffilmiau'r Nant
am gymorth gyda'r lluniau.*

I
Owain ac Elin

Diolch
i
Mei Jones ac Alun Ffred,
crëwyr y cymeriadau a'r gyfres
C'mon Midffild
am bob cefnogaeth wrth
gynhyrchu'r gyfrol hon.

Cynnwys

Cyflwyniad

Beth sy'n peri i ddyn yn ei oed a'i amser fynd ati i groniclo hanes ei flynyddoedd cynnar? I hel atgofion am y digwyddiadau a'r cymeriadau sydd wedi llywio taith ei fywyd? Wel . . . fel hyn y bu yn yr achos arbennig hwn.

* * * *

Noson oer o Hydref oedd hi, ac roedd Clwb Ffwtbol Bryncoch yn mwynhau tymor difrifol arall yn ei hanes. Roedd hi'n noson bwyllgor, ac mewn ystafell foel a drafftiog yn y Neuadd Bentref yr oedd pedwar cymeriad tra gwahanol wedi dod at ei gilydd ar gyfer y ddefod wythnosol. Yn bresennol roedd y Cadeirydd, Arthur Picton, yr Ysgrifennydd, Tecwyn Parri, a'r aelod cyffredin, Wali Tomos. Yno hefyd roedd George Hughes, ac er nad oedd yn aelod swyddogol o'r comiti, roedd yn llawer gwell ganddo dreulio'i gyda'r nos yn fanno nag adre'n gwarchod yr efeilliaid i Sandra gael mynd i weithio.

Roedd y pwyllgor bron ar ben. Arthur wedi darllen yr un rhestr enwau oedd i gynrychioli'r Clwb y Sadwrn canlynol oddi ar gefn yr un amlen frown, ac yn barod i hel

9

ei draed am y Bull. Ond nid pwyllgor arferol mo hwn. Roedd materion eraill i'w trafod.

'Reit. Dyna ni wedi dewis y tîm,' meddai'r Cadeirydd.

Mwmiodd Wali dan ei wynt mai Arthur, ac nid y pwyllgor, oedd wedi ei ddewis, ond chym'rodd Arthur ddim sylw, fel arfer. Rhoddodd ei feiro a'r bil Manweb yn ei boced, a dechreuodd godi.

'Dim byd arall nagoes?'

Pesychodd Tecwyn. 'Y. Oes, Arthur. Mi faswn i'n licio deud rwbath am berfformiad dydd Sadwrn dwytha.'

Suddodd Arthur yn ôl i'w gadair a syllodd i fyw llygaid yr Ysgrifennydd.

'O. Felly?'

Trodd Tecwyn at George, gan obeithio cael rhyw fymryn o gefnogaeth, ond chafodd o ddim. Roedd hwnnw wedi hen laru ar gwyno Tecs. Yn ôl ei arfer, wedi iddo glywed 'Nymbar nain, George Hughes,' gadawodd i'w feddwl grwydro'n braf. Ar y pryd, roedd yn ceisio dyfalu faint o rosod cochion oedd ar y wal rhwng y nenfwd a'r biano.

Yna, edrychodd Tecs ar Wali. 'Wel. Mi wnaethon ni golli, 'do?'

''Dan ni'n colli bob dydd Sadwrn!' meddai hwnnw. Gwnaeth Arthur ystum i godi unwaith eto.

'Trist iawn. Feri sad!'

Ond roedd Tecwyn yn benderfynol.

'Yn union! Mae 'na fai arnat ti fel rheolwr. 'Dan ni'n mynd allan yn *disgwyl* colli, Arthur. Rhaid i ni gael llawer mwy o *hyder* yn y tîm.'

Sythodd George yn ei gadair. Anghofiodd am y papur wal. Roedd o wedi colli cownt ers meitin beth bynnag. O'r diwedd roedd y rhain wedi dechrau siarad am ffwtbol.

Fi'n tynnu llun fi fy hun efo camera

'Aye. Ti'n iawn, Tecs. Dim ond un hyder ges i drw'r gêm dydd Sadwrn. Y flying hyder 'na yn erbyn y bar!'

Edrychodd Arthur ar ei fab-yng-nghyfraith. Un o ddirgelion mawr ei fywyd oedd beth ar wyneb y ddaear a welodd ei unig ferch yn y fath glown. Doedd bosib bod dyfodol y Pictoniaid yn dibynnu ar beth fel hyn.

'Arglwy' mawr. Be ma' hwn yn 'i rwdlan?'

Rhoddodd Wali ei big i mewn.

'Hedaf, Mistyf Picton.'

'Ydi. Ti'n deud y gwir, Wal. S'gin ti rwbath gwirion arall i ddeud, Tecwyn? I ni gael mynd o'ma ar f'enaid i.'

'Oes,' meddai Tecs, gan ysgwyd ei ben. 'Dwi wedi ca'l llythyr.'

'Wel. Darllan o 'ta!'

Agorodd Tecwyn y llythyr yn ofalus. Bu'n ei ddarllen droeon yn ystod y diwrnod hwnnw, ond yr oedd yn dal i ryfeddu at ei gynnwys.

'Llythyr ydi o gan Gwynedd ap Dyfed o Wasg Carreg Fedd!'

Doedd Arthur fawr iawn callach. 'Pwy?'

'Mae'r boi yma'n cyhoeddi llyfra.'

Erbyn hyn roedd George mewn cryn benbleth. Roedd o wedi hen arfer clywed Tecwyn yn defnyddio geiriau mawr Cymraeg fel 'chwaraewr' a 'dyfarnwr', ond nid gair mawr oedd yn ei boeni y tro hwn.

'Be 'di 'ap'?'

Rhuodd Arthur, 'Mab 'de. Y twmffat!'

'Be? Dwi'n ap-yn-cyfarth i chdi, Affyr?'

Aeth Tecwyn yn ei flaen. Roedd o wedi sylweddoli ers meitin fod ei gadeirydd ar fin ffrwydro, ond roedd hefyd yn benderfynol o gyflwyno cynnwys y llythyr i'w bwyllgor.

'Fel dwi'n ei gweld hi, mae'r boi yma'n awyddus i

gyhoeddi llyfr am rywun o Glwb Bryncoch. Hunangofiant felly!'

Sylwodd Wali bod George ar goll yn lân. Sibrydodd y gair 'autobiology' yn ei glust, ond doedd hynny fawr o help.

'Rhywun sy'n tynnu dy goes di, Tecwyn bach!' meddai Arthur.

'Na. Dwi wedi holi. Ma'r llythyr yma'n un dilys hollol. Pobol wedi hen flino darllan am y sêr mawr medda fo. Isio canolbwyntio ar bêl-droed lleol.'

Sythodd y Cadeirydd yn ei gadair.

'O. Syniad da iawn. Y. Hunangofiant pwy felly, Tecwyn?'

Roedd George druan ar goll yn llwyr erbyn hyn.

'Pwy 'di Dilys?'

Brwydrodd Tecwyn yn ei flaen.

'Wel. Mi oedd o'n awgrymu'r person oedd â'r cysylltiad *hiraf* â'r Clwb.'

Gwenodd Arthur ar y lleill.

'Dyna fo felly. Fi 'di hwnnw!'

Bu Wali'n gwrando ar y drafodaeth yn bur dawel tan hynny. Ond yna, yn sydyn, cododd ei law dde yn ei ddull arferol i geisio sylw.

'Sgiws mi!'

Ond roedd trwyn Tecwyn Parri yn dal yn y llythyr.

'Naci tad. Y cysylltiad di-dor hiraf, Arthur. Ti wedi bod i ffwr' cofia!'

Cytunodd Wali. 'Mi fuo fhaid i chi fynd 'do!'

Gwylltiodd Arthur.

'Be ti'n insineretio?'

'Yn yf Afmi. 'Dach chi'm yn cofio? Call-up!'

Suddodd wyneb y Cadeirydd. A suddodd yntau yn ôl yn ei gadair.

'O. Do siŵr iawn! Yn gwneud fy rhan!'

Yna, trodd Arthur at Tecwyn, a gwên ddigon sbeitlyd ar ei wyneb.

'Pwy arall sydd yna felly, Tecwyn?'

'Wel, dwi wedi bod yn chwarae i'r clwb ers dros bum mlynedd ar hugain,' atebodd hwnnw, braidd yn betrusgar.

'Y. Sgiws mi!'

'Taw, Wali.'

'Fi sydd wedi bod hifa!'

Edrychodd y tri arall yn syn ar yr aelod cyffredin. Ond roedd Wali'n benderfynol erbyn hyn.

'Dwi'n fhedag y lein efs ddeg mlynadd af hugain!'

Daeth tawelwch syfrdan dros y pwyllgor am rai eiliadau. Yna, tarodd George y bwrdd â'i ddwrn yn fuddugoliaethus.

'Nice one, Wal! Dwi'n cynnig bod Wali'n ca'l gneud yr hunan-pethma yma i'r boi Gwyneth yma!'

"Ffanciw, Geofge!'

Ond doedd y Cadeirydd ddim yn fodlon o gwbl.

'Chei di ddim. Ti allan o drefn!'

'Pam?'

'Ti ddim yn aelod o'r pwyllgor i ddechra. A beth bynnag, rhaid i ti gynnig drw'r gadar!'

'Be 'di hynny?'

'Rhaid i ti siarad drw'r gadar mewn pwyllgor go-iawn. Felly bydda i'n wneud. Yntê, Tecwyn?'

Trodd Arthur at Tecs i erfyn cefnogaeth, ond roedd Wali yn dal i herio.

'Mae'n haws i chi 'tydi?'

'Be 'ti'n feddwl?'

''Dach chi'n siafad lot dfw'ch pen ôl!'

'Arglwy' mawr!'

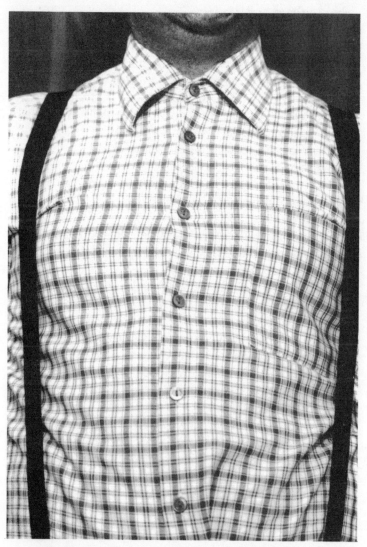

Llun arall ohonof fi fy hun, gennyf fi fy hun

O'r diwedd, fe benderfynodd Tecwyn ei bod yn bryd rhoi terfyn ar y drafodaeth.

'Mae o'n deud y gwir 'sti, Arthur. Fo sydd wedi bod hefo'r clwb hira.'

'Doedd y Cadeirydd ddim yn gallu credu'r fath beth. Roedd o wedi hanner bodloni ar adael i Tecwyn Parri wneud y llyfr 'ma. Llyfr Cymraeg oedd o i fod, ac wedi'r cyfan roedd Cymraeg Tecs yn well na'r lleill. A fasa neb yn ei ddarllen o beth bynnag. Ond Wali . . . !'

'Ia. Ella wir, Tecwyn. Ond fedar o ddim . . . '

Sythodd Wali. 'Ddim be?'

Synhwyrodd Tecwyn bod Arthur yn prysur fynd i ddyfroedd dyfnion.

'Ia, Arthur?'

'Ma' gynno fo . . . wsti. Nam ar 'i leferydd 'toes?'

'Dim ond pan dwi'n siafad 'de. 'Sgin i ddim nam af y mheffma pan dwi'n sgwennu.'

O'r diwedd, fe ffrwydrodd y llosgfynydd. Doedd Arthur ddim wedi arfer hefo Wali o bawb yn herio ei awdurdod. Rhythodd i fyw sbectol y llumanwr bach.

'Ond fedri di ddim sgwennu chwaith, na fedri! P'run bynnag, pwy fydd isio darllan dy hen hanas di? Does yna ddim byd wedi digwydd i ti rioed!'

Penderfynodd George y dylai drio achub cam ei fêt, ond cofiodd yn sydyn am y drefn briodol.

'Hei. Hold on, Affyr! Dwi isio deud drw'r sêt ella bod yna lot o betha wedi digwydd i Wali. Be 'ti'n ddeud, Wal?'

Ond roedd meddwl Wali ymhell i ffwrdd. Roedd o eisoes wrthi'n brysur yn gogrwn yr holl atgofion a lechai o dan ei feret.

'Hanes fy mywyd. Lle faswn i'n dechfa sgwn i?'

Y Blynyddoedd Cynnar

Ma' Mistyr Picton yn deud bod yna ddim byd wedi digwydd i mi rioed. Be ŵyr o? Mi ddois i'r byd fel pawb arall, ac mi oedd hynny'n rwbath siawns! Dwi ddim yn cofio cael fy ngeni, wrth gwrs, ond mi wnes i ofyn i Mam ddeud yr hanas unwaith. Braidd yn gyndyn oedd hi i sôn fawr ddim am y peth am ryw reswm, dim ond mwmian dan 'i gwynt a throi'r stori. Gan Nain ges i wybod fwya', a deud y gwir.

Yn ôl pob sôn, mi ges i fy ngeni yn llofft gefn y cartra, Bod Ifor, Bryncoch, ar Ebrill 1af, 1945. Yn y llofft ffrynt yr oedd y digwyddiad mawr i fod, medda Nain, ond mi oedd Mam wedi cael orcloth newydd sbon yn fanno, y peth bloda coch a piws hwnnw, a doedd hi ddim am gael hen draed diarth yn 'i sdompio fo. Ella y synnwch chi glywad, ond doeddwn i ddim yn fabi del iawn. Doedd Taid ddim yn siŵr iawn be oedd hylla, y fi 'ta'r orcloth.

Ond mi wnes i lot fawr o sŵn, ac mi benderfynodd Mam reit fuan mai peidio cymryd sylw o'r swnian oedd y peth calla i wneud, a dyna wnaeth hi byth ers hynny.

Felly pedwar deg a saith o flynyddoedd yn ôl y dois i i'r byd, a chael fy enwi strêt awê yn Walter Huw Tomos. Huw ar ôl 'nhad, a Walter ar ôl brawd Nain. Wel, Albert oedd ei enw iawn o, ond mi oedd Nain yn arw am gymysgu enwa pobol, a diolch byth am hynny. Mae Wali yn llawar gwell enw nag Albi 'tydi?

Dwi'n gwybod mai Huw Tomos oedd enw 'nhad, gŵr Mam. Mi fuo fo farw pan oeddwn i'n dair oed, felly 'sgin i fawr iawn o go' amdano fo. Erbyn meddwl, dwi ddim yn cofio dyn yn y tŷ acw, ar wahân i ddyn rhent a'r Gweinidog. Ac mi oedd y ddau yn cael yr un croeso.

Mae gen i go' bach 'mod i wedi cael hyd i fflag goch yn un o ddrorsus y seidbord pan oeddwn i'n ifanc iawn. Dyn trên oedd 'nhad. Un da hefyd, medda nhw. Yn medru gwneud bob dim — rêl Jac of all Trêns! A dyna be oedd y fflag ylwch. Mi oedd o wedi cael gwaith fel giard ar drên L.M.S. rhwng Bryncoch ac Afon-wen. Mae'n debyg bod rhywun wedi cau drws trên gwds ar 'i fawd o tua Bryncir, a fuo 'na fawr o drefn arno fo wedyn. Ond mi gafodd Mam gadw'i fflag o. Ella mai gweld y fflag honno blannodd yr had ynof fi i fod yn leinsman. Diddorol 'tê?

Lydia Tomos oedd enw Mam. A dyna ydi ei henw hi o hyd. Dwn i'm a ydach chi wedi sylwi, ond mae gan Mam ffor' reit ryfadd o siarad. Mi aeth George i benbleth garw pan wnaeth o gyfarfod Mam am y tro cynta. Wedi dŵad i chwilio amdana i oedd o.

'Fan'ma mae Wali'n byw?'

'Mae Wali Tomos wedi mynd i'r cae,' medda Mam.

'Ond fa'ma mae o'n byw, ia?'

'Wel, hi ydi'i fam o 'tê?' medda hi wedyn.

'O! Mae 'na ddwy ohonoch chi?'

'Nac oes siŵr, dim ond y hi!'

'O!'

Ond, chwara teg i Mam. Ma' George yn cael traffarth i ddallt pobol sy'n siarad yn iawn 'tydi! 'Dach chi'n gweld, fo mae Mam yn galw fi, a hi mae hi'n galw hi ei hun.

Hynny ydi, mi ofynnith hi i mi lle mae o wedi bod heb ddeud wrthi hi ei fod o'n mynd i gicio pêl hefo'r sgamp Picton yna. Ond 'dan ni'n dallt ein gilydd i'r dim!

Mi ofynnis iddi hi un tro pam ei bod yn siarad fel yna.

'Wel. Tydi hi wedi colli ei gŵr ers acha. Ma' hi ei hun yn yr hen dŷ yma hefo neb ond Walter Tomos yn gwmpeini. Ydi o'n synnu ei bod hi yn siarad yn wahanol hefo neb call i sgwrsio hefo hi?'

'Pardyn?'

Felly dipyn o sioc i mi oedd mynd i'r ysgol am y tro cynta a sylweddoli bod pawb arall yn siarad yn chwithig. Pedair oed oeddwn i, yn dechra yn y Clas Bebis hefo Miss Mostyn, a dwi'n cofio'r diwrnod cynta yn iawn. Roeddwn i'n ista wrth ochor Defi John Nymbar Tŵ. Wel, yn Nymbar Six oedd o'n byw, ond dyna oedd pawb yn 'i alw fo ar ôl y ddamwain fach y bora cynta hwnnw. Mi oedd Defi John wedi penderfynu ei fod o ddim yn licio yno, ac mi wrthododd siarad hefo neb, dim ond croesi'i goesa a chau'i geg yn dynn.

'Mi geith pawb ddeud 'u full names,' medda Miss Mostyn. Dynas fawr oedd Miss Mostyn. Hefo pen ôl mawr a phen blaen mwy, a lipstic coch coch run fath â bocs postio.

A dyma ddŵad at Defi John.

'Name?' medda honno.

Ddeudodd Defi John ddim byd. Dim ond sbïo i fyw 'i llygaid hi a gwneud ceg gam. Dyma ryw hen sŵn chwrnu yn dŵad o gyfeiriad Miss Mostyn. Hen chwrnu fel oedd labrador mawr y Post yn 'i wneud pan oeddach chi'n sathru'i gynffon o. A deud y gwir, ella mai'r gwahaniaeth mwya' rhwng y ci a Miss Mostyn oedd y lipstic.

'Be 'di enw fo?' medda honno wrtha i wedyn.

'Walter,' medda finna.

Sŵn chwrnu!

'Naci, naci. Be 'di enw Fo?'

'Walter Tomos, Bod Ifor, Bryncoch, Caernarfonshire, North Wêls!'

A dyma'r tro cynta i mi gael fy hel i gornol y clas. Sgwn i faint o weithia wnaeth Miss Mostyn chwrnu a deud, 'Ewch i'ch cornel, Walter!' Buan iawn wnes i golli cownt.

Dwi'n cofio'i hen wynab hi'n crychu i fyny i gyd wrth iddi hi sbïo arna i.

'Mi gawn ni sbeling test heddiw. Walter, fedrwch chi sillafu PAENT?'

'Pa liw, Miss?'

Ac i'r gornol â fi.

Go symol wnes i yn nosbarth Miss Mostyn. Ond er mor glyfar oedd yr hen gingroen wnaeth hi rioed sylweddoli pam. Mi oedd yna reswm, a hwnnw'n un da. 'Dach chi'n gweld, llaw chwith ydw i, a dyna be oeddwn i adag hynny wrth gwrs. [Ella bod rhai ohonoch chi wedi sylwi 'mod i'n fflagio hefo'r chwith pan ma'r tîm arall yn cam-sefyllian. Mi fedra i ddefnyddio'r llaw arall i wneud arwyddion am y reff wedyn i Mistyr Picton.] Bob tro ro'n i'n cydio mewn pensal hefo'n llaw sgwennu mi fydda'r hen lipstic yno'n rhoi slas i mi ar draws 'mysadd hefo rwlar.

Dyna i chi pam nad oedd yna fawr o drefn ar fy mhapur i yn y gwersi penmanship ar bnawn Gwenar. Ro'n i'n methu'n glir â chael yr hen nib yna i aros rhwng y llinella bach mân. Ac mi oedd John Cae Pistyll wedi bod yn chwara darts hefo 'mhen-holdar i beth bynnag.

Go wael o'n i hefo syms hefyd. Dwi'n cofio codi'n llaw un tro i ofyn am fynd i'r tŷ bach ond 'mod i wedi anghofio'r nymbar o'n i eisiau.

Siom fawr i mi oedd methu cael symud ymlaen i

Miss Mostyn

Sdandard Wan hefo Defi John a'r criw. Hen beth annifyr oedd o hefyd 'chi. Ro'n i'n fwy na phawb arall yno. Mi ddudodd Taid yn amal 'mod i'n beth mawr pan oeddwn i'n fach. Miss Mostyn fynnodd 'mod i'n aros yn y Clas Bebis am flwyddyn arall. Wel, am ddwy, a deud y gwir. Mi fuo raid i mi aros nes 'mod i'n saith oed. Roedd hi'n mynnu 'mod i'n medru sgwennu fy enw yn iawn, yn medru deud faint o'r gloch oedd hi, ac yn medru cau cria fy sgidia cyn symud i fyny. Hefo'r trydydd ges i'r job fwya' gan fod Mam yn mynnu 'ngyrru fi i'r ysgol hefo welingtons bob dydd.

Ta waeth. Ymhen hir a hwyr mi ges i symud at Mistar Lewis y Prifathro yn Safon Dau fel pawb arall. Ac yn fanno y ces i eistedd wrth ochor Jên Tŷ Cocyn am y tro cynta. Roedd Jên yn ddwy flynadd a deg mis yn fengach na fi, ond tydi blynyddoedd yn golygu dim byd pan 'dach chi'n licio rhywun go-iawn. Mi o'n i wrth fy modd yn rhoi min ar bensal Jên, yn llenwi ei phot inc hi, neu roi ei photal lefrith hi wrth y tân i ddadmar.

Roedd Mistar Lewis y Prifathro yn dysgu o Sdandard Tŵ i fyny. Dyn clên oedd o y rhan fwyaf o'r amsar, ond ei fod o wedi cael ei saethu yn ei ben yn y rhyfal medda Mam. A dyna pam ei fod o'n colli'i limpyn yn lân weithia. Dwi'n cofio un dwrnod pan oeddwn i wedi dŵad â llyffant yn bresant pen-blwydd i Jên.

'Ma' gin i rwbath i chdi,' medda fi, pan oedd pawb yn deud Ein Tad yn y bora.

'Ydi o'n rwbath neis, Walter?' medda honno, gan agor un llygad.

'Hwda!' medda fi, gan ystyn y llyffant o waelod fy welington.

Ond wyddwn i ddim ar y pryd fod Jên ofn petha crîpi crôli. A dyma hi'n sgrechian dros bob man, jyst pan oedd

Rhai o griw yr Ysgol Bach

pawb yn sôn am fadda i'n dyledwyr. Mi wylltiodd yr hen Lewsyn yn gacwn.

'Come here, boy!' medda fo. A rhoi coblyn o bregath i mi am darfu ar Weddi'r Arglwydd. Mi oedd o'n gafael yn dynn yn ei ben hefo'i ddwy law. Dwi'n methu dallt pam 'i fod o'n rhoi bai arna i am be wnaeth y Jyrmans.

Y canlyniad oedd i mi orfod symud i eistedd oddi wrth Jên. Mi gaeth hi fynd at yr hen fwbach John Cae Pistyll yna. Ac mi ges i fynd at Tecs.

Mi fuo Tecwyn Parri a finna'n fêts drw'r amsar yn Ysgol Bach Bryncoch. Mi ddysgis i lot gan Tecs. Roedd ei fam o'n cribo'i wallt o a pholisho'i sandals o bob bora. A finna wedyn yn ca'l ei helpu o i gau'i garbadîn reit i'r top cyn mynd adra. Wel, mi oedd o'n fengach na fi 'doedd.

Mi helpodd Tecs lawar arna inna hefyd yn ystod y

cyfnod hwnnw. Roedd o'n medru sgwennu'n sownd a deud ei debls i gyd, wel i fyny at hannar lefn beth bynnag. Ond gwneud mapia oedd 'i betha fo. Mi oedd o am fod yn explorer fel y Doctor Livingstone yna pan oedd o wedi tyfu i fyny.

'Dwi am gario negeseuon pwysig i bedwar ban y byd,' medda fo.

Wel, chafodd o ddim mynd yn bell iawn, ond mae o'n bostman 'tydi. Ac mae o wedi trafeilio i lefydd pell fel Y Groes a Pen y Bryn hefo tîm Bryncoch. Mae'n siŵr na fuo Doctor Livingstone rioed yn fanno!

Dyddia reit hapus oedd y rheini hefo 'rhen Lewsyn y Sgŵl. Mi ges i gyfnod o fod yn inc monitor yn llenwi potia inc nes i mi roi gormod o ddŵr am ei ben o. Yna cyfnod reit hir fel milc monitor yn rhoi'r cretia llefrith o flaen y stof a gneud tylla bach yn y topia. Wyddoch chi, wrth edrach yn ôl, go chydig oeddwn i yn eistedd wrth y ddesg fel pawb arall. Ond fel'na mae hi. Roedd rhaid i rywun wneud yn siŵr bod y petha erill yn cael eu gwneud. 'Gwneud y petha bach yn iawn,' fel y deudodd Defi Sant.

Yr unig siom ges i a deud y gwir oedd methu cael bod yn thyrmometer monitor yn cadw cownt o'r tymheredd bob dydd. Ro'n i'n methu'n glir â gweld yr hen beth gloyw yna yn y tiwb. Ond mi gaeth Tecs wneud y job. A tydi o ddim isio thyrmometer i ddeud 'i bod hi'n oer yn y bora rŵan, nagydi?

Ond daeth cyfnod Ysgol Bach Bryncoch i ben i Tecs a Jên a finna a phawb arall. Yn anffodus, chefais i ddim symud i Ysgol Dre hefo nhw, a hynny oherwydd camddealltwriaeth hefo'r papur sgolarship. Mi fuo raid i ni i gyd eistedd ar wahân am y tro cynta, i wneud bob dim yn iawn, medda Lewsyn. Mi aeth y papur Cymraeg a Saesneg yn o lew gan i mi fedru sgwennu Walter yn o lew

24

ar dop y rheini. Hefo'r papur syms y ces i draffarth.

'Be ar y ddaear ydi hwn, Walter?' medda Mistyr Lewis ar y diwadd.

'Dau dreiongl, syr,' medda finna.

'Mae o'n debycach i fochyn!' medda hwnnw wedyn.

'Ma' un â'i ben i lawr 'tydi!'

Wedi cymysgu oeddwn i hefo'r tebls a'r syms adio a bob dim. Ond mi wnes i gofio bod dau dreiongl yn gwneud sgwâr. Dwn i ddim pam fod Lewsyn yn 'i weld o'n debyg i fochyn. Roedd o'n fwy tebyg i dderyn, am wn i. Ond ella bod ei ben o'n brifo.

Mae Mistyr Picton wedi bod yn edliw i mi 'mod i wedi gwneud llun mochyn ar y papur sgolarship. Ond ma' pawb yn gwybod y gwir rŵan.

A ph'run bynnag, dwi ddim yn meddwl bod Mistyr Picton yn gwybod be ydi treiongl. Achos mi ofynnodd Wili Bryngo iddo fo yn y cwt newid unwaith be oedd y gwahaniaeth rhwng treiongl a thîm Bryncoch.

'Dwn i ddim,' medda fo.

'Ma' gan dreiongl dri phwynt!'

Ond wnaeth o ddim dallt. Dim ond sbïo'n syn ar Wili a deud ei fod o'n cael drop o'r tîm.

Ac eto, fel'na mae hi. Doedd Lewis y Sgŵl ddim yn gwybod y gwahaniaeth rhwng dau dreiongl a mochyn chwaith nagoedd?

PWYLLGOR ADDYSG SIR GAERNARFON

Ysgol Gynradd **Bryncroes**

Adroddiad am y Tymor yn diweddu **Rhagfyr 20fed 1951**

Enw **Walter Hugh Thomas**   Dosbarth neu Safon **I** (Unwaith eto)

Nifer o weithiau'n absennol **½**   Nifer o weithiau'n hwyr **yn ...aml**

Pynciau	Marciau Enillwyd	Sylwadau
GWYBODAETH YSGRYTHYROL ...		Gwachul
HANES		Gweddol weddol
DAEARYDDIAETH		Ar goll yn Iân!
ASTUDIAETH NATUR		Yn rhy hoff o wylio natur drwy'r ffenestr.
CYMRAEG—Gwaith Ysgrifenedig ...	4/100	Nid yw Walter wedi llawn feistrolir grefft o ysgrifennu.
Gwaith Llafar ...	3/100	Heb feistroli grefft o siarad uchwaith!
Darllen a Dirnadaeth	0/100	Rhaid dirnod sut i agor llyfr yn gyntaf.
Llenyddiaeth		
SAESNEG —Gwaith ysgrifenedig...	0/100	Yn anffodus nid yw Walter yn llawn
Gwaith llafar	0/100	sylweddoli bod Saesneg yn iaith
Darllen a Dirnadaeth ...	0/100	wahanol i'r Gymraeg.
Llenyddiaeth		

26

RHIFYDDEG — Written		0/100	Mae symud o rhif i yn broblem
— Mental		0/100	Dim llawer yn digwydd yn mhen Walter!
LLAWYSGRIFEN		1/100	Nid yw inc yn cytgymod ag ef
GWAITH LLAW/CREFFTWAITH ...			
ARLUNIO		5/100	Hoff iawn o wneud lluniau artiffisiaid (yn enwedig moch?)
CERDDORIAETH		3/100	Boddhaol, nes idda agor i geg.
YMARFER CORFF		—	Nid yw Walter yn symud than yn y gwersi yn dilyn y ddawnsiain gyda'r hula-hoop.

YMDDYGIAD ... Gweddol

SYLWADAU

Bydd Walter yn symud ymlaen
i Standard II y Tymor nesaf.
Nid oherwydd unrhyw gynnydd
academaidd, ond am Bydd y Tymor nesaf yn dechrau... Ionawr 5ed 1952

fot y cadeiriau yn rhy fychan iddo!
R.J.h.

Harriet Mostyn (Miss) Athro / Athrawes / Desbarth

R.J.hevis B.Sc. Prifathro / Prifathrawes

Ionawr 5ed 1952

27

Nain a Taid

Rhyw ddeg oed oeddwn i pan ges i fynd i aros at Nain a Taid ar ben fy hun am y tro cynta. Dwi'n cofio gofyn i Mam plîs gawn i fynd yno am wythnos.

'Fasa fo ddim yn licio aros am bythefnos?' ddeudodd honno.

Roedd Tŷ Nain rhyw ddwy filltir o Fryncoch ar ffordd y dre, yn swatio'n daclus rhyw hanner ffordd rhwng y lôn bost a'r domen sbwriel. Erbyn meddwl, roedd hynny yn siwtio Taid i'r dim, gan ei fod yn medru dal y bys i'r dre, a chael lifft adra ar y lorri ludw.

Un od oedd Taid, waeth i mi ddeud y gwir ddim . Ond eto, doedd Nain fawr iawn callach. Y peth dwi'n gofio fwyaf am Nain oedd ei bod hi'n cymysgu enwau pawb. A Taid — wel roedd Taid yn cymysgu lot o betha, yn enwedig ar ôl bod yn y dre. Abel Tomos oedd yr enw ar ei gardyn nabod o, er nad oedd Nain yn ei alw fo'n hynny yn amal iawn, a Margiad Ann oedd enw Nain.

Tŷ'n Twlc oedd enw'r tŷ, ac mi oedd yna un peth od iawn am y tŷ a dynnai sylw pawb oedd yn mynd heibio — roedd y cefn a'r ddau dalcan yn wyn a'r ffrynt a'r potia cyrn wedi eu wyitwasho'n binc. Dwi'n cofio gofyn i Taid un

Nain yn chwilio am Taid

waith pam fod yna ddau liw ar y tŷ. Braidd yn gyndyn oedd o i egluro ar y pryd.

'Meindia dy fusnas a dos adra y swnyn diawl!'

Ond ymhen hir a hwyr, a finna'n rhoi bwyd i'r ieir yn 'i le fo, mi wnaeth o gyfadda ei fod o wedi bod yn y tŷ potas yn y dre cyn prynu'r paent a'i fod o wedi gwneud yn o lew gweld y tun heb sôn am ei liw o!

Un felly oedd Taid. Bob tro oedd o'n mynd i'r dre mi ddôi adra dan ganu. Mi ddysgis inna reit handi mai cadw'n glir oedd y peth calla i wneud y munud y clywn i 'Rôs Marî ai lyf iw' yn dŵad i fyny'r llwybyr. Fel arfar yr oedd Nain yn gweiddi, 'Cau dy geg, y Fred Sinatra gebyst!' ac mi o'n innau'n crwydro'r caeau am ryw ddwyawr.

Dyna pryd y dechreuis i hefo'r diddordab mawr yma mewn natur 'chi. A deud y gwir mi ddysgis i lot fawr gan Taid, yn enwedig am goed ac adar a phetha felly.

'Be 'di'r deryn 'na, Taid?'

'Rugarug. 'Ti'n licio fo?'

'Nag'dw!'

'Pam?'

'Fedra i mo'i ddeud o!'

'O! 'Ti'n licio bronfraith 'ta?'

'Nag'dw.'

'Be gythral wyt ti'n licio 'ta?'

'Cwcw!'

Ma' pawb sy'n 'nabod i yn gwybod fod gen i ddiddordab mawr mewn adar o hyd. Yn amal iawn mi fydda i'n treulio pnawn cyfa hefo sbinglas yn stydio nythod a phlu a phetha felly. Fydda i byth yn gwneud ar bnawn Sadwrn wrth gwrs, nac ar ddydd Mawrth ne ddydd Iau os bydd gynnon ni gêm midwîc. Rhag i mi bechu Mistyr Picton, achos mi fuo fo'n dda iawn adag yr

Taid yn chwilio am Nain ar ôl bod yn dre

hen fusnas Musus Huws nybar twelf hwnnw. 'Dach chi'n gweld, titw tomos oedd yn twitian ar sil 'i ffenast llofft hi, a dyma finna yno'n syth i stydio hefo'r sbinglas. Wel, ma'n sefyll i reswm ei fod o wedi fflio i ffwr' pan sgrechiodd hi 'dydi? Dwi'n methu dallt pam ei bod hi wedi gwneud gymaint o ffys na pham bod ei gŵr hi mor flin. Ond mi dynnodd o lot o'r hen eiria hyll yna'n ôl wedi i Mistyr Picton gael gair hefo fo. Dwi wedi cadw'n glir o'r titws ers hynny.

Y bachgen bach o Fryncoch yn Tŷ Nain

Ta waeth. Dwi'n cofio un tro yn Tŷ Nain ro'n i wedi hel llond pot jam o benabyliaid o'r hen weirglodd honno wrth ymyl y cwt mochyn.

'Rhaid i ti gael pot mwy,' medda Taid, 'neu gael gwarad ohonyn nhw!'

Wel, doeddwn i ddim isio'u lluchio nhw. Roeddwn i wedi rhyw gymryd atyn nhw erbyn hynny. Rhyw deimlad mai fi oedd yn gyfrifol amdanyn nhw er eu bod nhw'n drybeilig o hyll. A dyma chwilio am bot mwy. Wel, fel roedd hi'n digwydd bod, mi ges i hyd i un da, a handlan a bob dim arno fo. Ac mi oedd o mewn lle cynnas tywyll reit o dan wely Nain a Taid.

'Dwi'n cofio mai ben bora wedyn y digwyddodd y

33

creisus. Mi glywis i'r sgrech, ond ddeudis i ddim byd. Mi fuo raid i Taid fynd â fi adra strêt awê ar ôl brecwast. Nain wedi cael tro reit ddrwg medda fo. Chefis i 'rioed wybod pam, ond doedd Nain ddim yn un i ddal dig yn hir iawn.

Buan iawn y ces i fynd yn ôl. Doedd yna ddim llofftydd yn Tŷ'n Twlc fel sydd yna yn tŷ ni neu dŷ Mistyr Picton 'chi. Siambar a thaflod oedd yno. Ac yn y daflod ro'n i yn cysgu bob nos, yn sbïo ar y sêr drwy'r sgeilat.

Mae'n beth rhyfadd 'de, ond dwi'n cofio cael fy nharo hefo'r bêl yn y gêm ofnadwy honno yn y glaw mawr yn erbyn Y Groes. Clirans gan Arwyn Plas oedd hi i fod, ond mi oedd o newydd golli un o'i gontact lentils ac mi ges inna'r bêl reit yn fy ngwendid. Wel mi ddechreuis weld sêr yn union fel y rheini yn Tŷ Nain erstalwm, ond bod yna ddim ffrâm ffenast rownd nhw. A dyma fi'n meddwl ar y

pryd bod hynny'n beth reit ddiddorol. Ond doedd Mistyr Picton ddim, achos mi fuo raid iddo fo gymryd y fflag. Mi fedar o fod yn flin iawn weithia.

Anaml iawn oedd Taid yn chwerthin hefyd. Ond dwi'n cofio ei weld o yn 'i ddybla un waith. A Nain yn flin. Roedd Taid a finna wedi bod allan yn crwydro un pnawn, ac mi aethon am y tŷ i nôl te. Wel, pan gerddon ni i mewn i'r gegin, dyna lle'r oedd Nain ar ben cadair, a golwg reit od arni hi. Mi oedd yna llygodan bach wedi'i dychryn hi. Cas betha Nain oedd llygod a thrafeiliwrs, a dyma hi'n neidio i ben y gadair agosa. Ond mi neidiodd Nain ar ben y gadair siglo mewn mistêc, ac erbyn i Taid a fi ddŵad adra ro'dd hi wedi mynd yn sâl môr ac yn dechra troi'n wyrdd.

'Nain,' medda fi pan ddaeth hi ati ei hun ymhen hir a hwyr. 'Pam na wneith Felix y gath redag ar 'u hola nhw?'

'Dwn i'm 'sti. Ma'r hen gath yma yn un sala fyw am ddal llygod.'

'O. Ella'i bod hi'n fejiterian, Nain!'

Ond ddeudodd Nain ddim byd. Dim ond mwmian rwbath am Dŷ Jeroboam a bygwth lladd Taid pan fydda hwnnw'n stopio chwerthin. Cradur fel'na oedd Taid. Ond roedd yna ochor reit benderfynol iddo fo hefyd cofiwch. Fo wnaeth fy nysgu.i i beidio licio tomatos. Yr hen bips yna yn blocio'ch pendics chi medda fo. Pan o'dd Taid yn yr Armi mi o'dd gynno fo ffrind o Didcot oedd yn bwyta gymaint o domatos nes y bu raid iddo fo gael ei bendics allan ddwywaith. Ond dwi'n meddwl bod Taid yn dweud anwiradd achos mi ofynnis i Mistyr Picton ac mi ddudodd o bod neb yn cael byta tomatos amsar rhyfal.

Erbyn meddwl, mi ddudodd Taid gelwydd am Llew Hughes y Tincar hefyd. Roedd hwnnw'n galw reit amal yn Tŷ Nain ac yn gwneud y mân jobsys oedd Taid wedi gaddo eu gwneud ond wedi anghofio. Wel, mi glywis i Taid yn deud wrth Nain bod gan yr hen dincar yna ddwylo blewog. Mi wnaeth hyn fy nychryn i braidd, a phan oeddan ni i gyd yn cael te bach amsar te mi ddeudis i wrth Taid ei fod o wedi gwneud camgymeriad.

'Be 'ti'n feddwl?'

''Sgin Mistyr Huws ddim dwylo blewog. Sbïwch. Dim ond dwylo budur sydd gynno fo!'

A dyna Taid yn dechra tagu ar ei banad. Ond chwerthin wnaeth Mistyr Hughes a diolch i Nain yn ôl ei arfer.

'Hwnna'n neis iawn, Musus. Be oedd o?'

Chwara teg iddo fo yndê. Dyn neis iawn oedd Llew Hughes, ond ei fod o'n siarad yn rhyfadd braidd. Roedd o wrthi'n rhoi min ar siswrn i Nain un prynhawn pan ofynnodd o i mi.

'Be 'di henw chdi?'

'Y. Walter.'

'O. Wali. Ma' gin plant bach fi hamster henw Wali. Hogan ydi o!'

'O!'

Dyn clyfar oedd Llew 'chi. Mi ddysgis i lot fawr gynno fo.

'Fedri di ddeud henw Kings of Ingland?' medda fo un tro.

'Pardyn?'

'Ma' Musus Huws a fi yn galw henwa plant ni ar ôl Kings of Ingland. Fedri di deud henw un?'

'Ym . . .'

Yr unig un oeddwn i'n medru meddwl amdano fo ar y pryd oedd King Kong. Ond doeddwn i ddim yn siŵr a oedd hwnnw wedi bod yn frenin ar Loegar. Felly ddeudis i ddim byd.

Ond roedd yna un peth yn gwneud Llew Huws yn dipyn o arwr i mi. Roedd o'n licio pêl-droed 'dach chi'n gweld.

'Pwy 'di ffefret chwaraewrs ffwtbol chdi?'

'Y. Roy of ddy Rofyrs.'

'Pwy 'di honno?'

'Y. Comic!'

'O. Ma' Musus Huws a fi yn mynd i ga'l lot o hogia. A ma' un yn mynd i fod yn sbesial. Ma' hi yn mynd i chwara i Wêls fath â John Charles!'

Ia. Ffrind da oedd Llew. Sgwn i be ddigwyddodd iddo fo! Mi ddeudodd Nain un waith ei fod o wedi symud i fyw i dŷ cownsil yn y dre, a bod gynno fo a'i wraig lot o blant. Hannar yr hogia yn y jêl, medda hi.

Wyddoch chi, mae meddwl amdano fo rŵan yn fy atgoffa i o rywun dwi'n nabod. Ei ffordd o o siarad a ballu yn debyg iawn i rywun dwi'n nabod yn dda hefyd. Ond fedra i yn fy myw feddwl pwy. Diddorol 'tê.

Ia. Dyddia difyr oedd dyddia Tŷ'n Twlc hefo Nain a Taid a Llew a'r gath. Ond fel dudodd Mistar Huws, Mount Pleasant, oedd yn dysgu ni yn yr Ysgol Sul erstalwm.

''Tydi bywyd ddim yn fêl i gyd, Walter!'

Roedd o'n cadw gwenyn 'dach chi'n gweld, felly roedd o'n dallt y petha 'ma. A roedd o'n flin fel cacwn ei hun.

Mi oedd o'n iawn hefyd. Roedd yna gwmwl dros y cyfnod. Ac o gyfeiriad Colwyn Bê y daeth o. Hen shinach seimllyd dan-dîn diawl o'r enw David Hiraethog. Dim bod gen i ddim byd yn erbyn fy nghefndar cofiwch chi. Ma' gwaed yn dewach na dŵr, fel roedd Mistyr Picton yn arfar deud cyn i Sandra briodi George. Roedd Nain yn Nain i David Hiraethog hefyd yn doedd ac amball dro mi

oedd ynta yn cael dŵad ar ei wylia i Tŷ'n Twlc ac yn
difetha bob dim.

Dyna pryd roedd Nain yn cymysgu'n henwau ni.
Roedd hi'n mynnu 'ngalw i yn David Hiraethog bob
gafael. A bob tro roedd yr hen snîc hwnnw yn gwneud tric
budur, wel Walter bach oedd yn cael y bai.

Dwi'n ei chofio hi'n deud wrtha i un tro,
'Chdi fydd bia'r hen le 'ma ar ein hola ni 'sti Defi bach!'
'Walter!'
'Sut?'
'Walter 'dach chi'n feddwl!'
'Ew na. Paid â sôn gair wrth y cythral bach hwnnw!'

A dyna finna'n breuddwydio y baswn i ryw ddiwrnod
yn feistr ar fy nhyddyn bach pinc a gwyn fy hun. Yn
cerdded y caeau hefo fy nghi ffyddlon yn canu fel Taid.

'Myfi yw Mab y Mynydd
Yng nghanol glaw a gwynt.'

Ond be ddigwyddodd? Y bwbach David Hiraethog
'na! Fo gafodd bob dim! Nain wedi mwydro'n lân wrth
wneud.'i wyllys ac wedi gadael y blwmin lot i David
Hiraethog. Bob dim ond watch aur Taid. A ches i mo
honno chwaith. Mi o'dd Taid wedi cael pwl go ddrwg yn
y tŷ potas un pnawn ac wedi ffeirio'i watch aur am feic
padlo B.S.A. wedi torri. Mi lyncis inna ful ac mi aeth bob
dim, y tŷ a'r tir a'r beic hefo dwy fflat wîl i Golwyn Bê.

Ro'n i'n teimlo yn union fel y mul hwnnw oedd Taid yn
canu amdano fo erstalwm, yn troi tuag adra o Felin Trefîn
wedi rhoi ei ofarôl. Ond wyllys ydi wyllys, a'r unig beth
gefis i gadw o Tŷ Nain oedd atgofion melys.

A dyma i chi beth rhyfadd. Mi fuo Bryncoch yn chwara
yn erbyn rhyw dîm o Rhyl neu Glwyd neu rywle fel'na yn
y Junior Cup. A wyddoch chi pwy oedd y reff? Ia, neb llai

na'r hen sglyfath dan-dîn David Hiraethog 'na. Dwi'n cofio gweiddi arno fo pan oedd y gêm bron ar ben a hitha'n dro gêm.

''Sgin ti ddim watch, reff?'

Mi stopiodd yn stond a sbïo arna i, yn gwenu fel giât wyrcws.

'Nagoes,' medda'r cythral. 'Ond ma' gen i feic padlo antîc!'

Na. 'Tydi bywyd ddim yn fêl i gyd, nagydi!

Mi o'dd Taid wedi cael pwl go ddrwg
yn y tŷ potas un pnawn . . .

Yncl Rufus

Yncl Rufus

Fydd Mam byth yn sôn am Yncl Rufus, ond mi oedd o'n dipyn o arwr i mi. Mae'n siŵr bod yna un ym mhob teulu 'does — dafad wyllt. Dyna be oedd Nain yn ei alw fo beth bynnag, 'ta deryn du dudwch? A Taid, wel mi oedd Taid yn ei alw fo'n lot o betha. Brawd fenga 'nhad oedd Yncl Rufus, a dim ond un waith welis i o rioed.

Mae'n siŵr 'mod i tua deuddag oed yr adag hynny. Newydd gyrraedd adra o ymarfer pantomeim y Girl Geids oeddwn i. Mam oedd wedi 'mherswadio fi i fynd yno, dim am fy mod i'n perthyn iddyn nhw na dim byd fel'na cofiwch, ond roeddan nhw'n gwneud Dic Whittington y Dolig hwnnw, a mi oedd angan rhywun i edrach ar ôl y gath. A pheth arall, mi oedd y rihyrsals ar nos Wener, ac mi oedd Mam isio llonydd i wrando ar y Noson Lawen ar y weiarles.

Ta waeth i chi, wrthi'n gorffan fy nghorn fflêcs cyn mynd i 'ngwely oeddwn i, a dyma gnoc ar y drws. Mi es i 'nghwman braidd achos mi feddylis i mai Miss Jolly oedd wedi dŵad acw i dantro. Sarjant Mejor y Geids oedd Miss Jolly, a hi oedd y ddynas dewa i mi weld erioed. Pladras o

43

ddynas, yn fawr fel talcan tas, ac yn symud i gyd, hyd yn oed pan oedd hi'n llonydd. Wel, mi oedd yna dipyn o stŵr wedi bod hefo'r gath y noson honno. Dim byd mawr chwaith. Fi oedd wedi colli dipyn o Vimto ar ei phen hi pan oeddwn i ar diwti yn y sdorwm. Wel, lot o Vimto a deud y gwir achos mi oedd hi'n dywyll yno. Ond mi wnes i drio 'ngora i' sychu hi hefo'r hen beth sychu gwallt hwnnw. Ella bod hwnnw'n rhy boeth, achos mi aeth ei blew hi'n biga i gyd. Dyma hi'n rhoi un sgrech dros bob man a neidio ar draws y llwyfan ac allan drwy'r ffenast. Doedd Sarjant Mejor Jolly ddim yn hapus iawn hefo'r syniad o gael Dic Whittington yn mynd i Lundan hefo draenog, felly mi ges i fy hel adra. Ella 'mod inna wedi gwneud petha'n waeth achos mi ddudis i 'sori Miss Jeli' mewn mistêc.

Ond Cymraeg oedd y llais yn y portico y noson honno. Ac yn fwy na hynny, dyn oedd o! Mi alwodd Mam yn Lydia, a doedd neb yn galw Mam yn hynny, ar wahân i Nain. Ac yn bendant i chi doedd yna'r un dyn yn cael gwneud! Yr eiliad nesa mi gerddodd yna ryw ddyn diarth i mewn i'r gegin gefn a Mam ar ei ôl o yn edrach yn union fel tasa hi wedi gweld ysbryd.

'Walter,' medda hi, 'Hwn ydi ei yncl Rufus o. O Hong Kong!'

Mi fuo bron iawn i mi dagu i fy mhowlan, achos wyddwn i rioed fod gen i'r fath beth ag Yncl Rufus, heb sôn am un yn Hong Kong.

'Ti'n fy nabod i, Walter?' medda fo. ''Sgin ti ddim byd i ddeud wrtha i?'

Fedrwn i ddeud dim byd am funud, dim ond sbïo arno fo. Y dyn mawr yma hefo gwallt cyrliog cringoch, a mwstash a seid-wisgars yn sownd yn 'i gilydd.

'Nagydw,' medda fi. ''Dach chi isio Kelloggs?'

'Fydd o ddim yn aros yn hir!' medda Mam, yn swta braidd.

'Be? 'Dach chi'n mynd adra heno?' medda finna. Achos mi oeddwn i hyd yn oed yn gwybod bod Hong Kong yn o bell.

Beth bynnag, cael fy hel i 'ngwely i gysgu'n sownd y cefis i, er na chysgais i fawr ddim. Dim ond gwrando ar Mam ac Yncl Rufus yn trafod am hir. Y bora wedyn mi ddudodd Mam ei fod o am gael aros hefo ni am chydig.

'Mi roith gyfla i ni ddŵad i nabod ein gilydd,' medda fo. 'Tyrd. Mi gei di ddangos faint mae'r hen bentra yma wedi newid i mi.'

Ac off â ni i fyny stryd fawr Bryncoch am dro. Doeddwn i ddim yn rhy siŵr ohono fo'r adag hynny, felly wnes i ddim mynd yn rhy agos. Ond dwi'n cofio bod yna gymysgadd o ogla sebon shefio a baco piball arno fo. A bod 'i sgidia fo'n gwichian wrth iddo fo gerddad, yn enwedig yr un dde. Doedd o ddim yn gwisgo crysbas chwaith, ond rhyw gôt debyg i honno 'sgin Doctor Livingstone yn llyfr Tecs. Dim ond bod Yncl Rufus hefo cyfflincs aur fath â bras yn cau llewys ei grys o.

Ond be dynnodd fy sylw i fwya' oedd ei ffon o. Doedd o ddim yn gloff na dim byd felly, ond mi oedd raid iddo fo gael ffon i fynd i bob man. Pawb yn Hong Kong hefo ffon, medda Yncl Rufus, a greda i hefyd, achos mi ddangosodd lun o'r lle i mi, a doedd yna ddim un goedan ar ôl yno.

'Ti'n ddistaw iawn,' medda fo o flaen Siop Jôs Papur.

'Pardyn?'

''Ti wedi colli dy dafod?'

Doeddwn i ddim wedi edrach rhyw lawar ar 'i wynab o tan hynny. Wyddwn i ddim a oedd pobol Hong Kong yn licio petha felly. Ond mi wnes i gael rhyw gipolwg arno fo wrth i mi gerddad. Dwi'n meddwl ei fod o'n rhoi briliantîn ar ei wallt, a'i fwstash a'i seidars hefyd achos mi oeddan nhw'n dwllach na choch rwsut. Bob blewyn yn ei le ac yn sgleinio.

Mi ddechreuis hel meddylia wrth i ni gerddad. Oedd o'n debyg i 'nhad tybed? Oedd o'n debyg i mi? Mi ddechreuis fesur fy nghama i gerddad 'run fath â fo, sythu 'nghefn a sbïo'n syth ymlaen. Ond yn anffodus mi sathris doman o faw ci wrth wneud. Peth ofnadwy ydi hwnnw 'chi. 'Di o ddim 'run fath â thail gwarthaig medda Taid, achos hwnnw ydi bara menyn lot o ffarmwrs.

'Twt, twt! Blêr iawn, Walter,' medda Yncl Rufus. 'Tasat ti yn Hong Kong rŵan, dyn a ŵyr be fasat ti wedi ei sathru.'

'Be 'dach chi'n feddwl?'

Ar y gair dyma hen gi St. Bruno mawr yn dŵad rownd y gongol a sefyll ar y gwellt glas o'n blaena ni yn barod i greu twmpath arall. Wel, hen betha mawr sy'n cario cwrw i'r bobol sy'n sownd yn y North Pole ydi'r rheini 'de, ac maen nhw'n byta lot. Ta waeth am hynny, mi welis wedyn pam fod Yncl Rufus yn meddwl cymaint o'i ffon. Mi stwffiodd y pigyn blaen main reit yn . . . wel . . . dim y pen lle mae'r gasgan. A dyma'r hen gi yn rhoi un coethiad hir a neidio reit dros ben y privets i rar ffrynt Mount Pleasant. Ella'i fod o wedi landio ar ben y cwch gwenyn achos mi oedd yna ufflon o sŵn!

'Bwysig cael ffon dda yn Hong Kong, 'sti!' medda Yncl Rufus.

Ymhen rhyw ddeuddydd mi ddaethon ni'n fêts go lew. Fo yn holi lot fawr am bobol Bryncoch. Wel, merchaid Bryncoch a deud y gwir. Isio gwybod lle oeddan nhw'n byw a phetha felly. A finna'n holi am Hong Kong. Lle ofnadwy ydi o 'chi. Teuluoedd cyfa yn byw ar junk yn y môr. Ond doedd hynny ddim yn wir medda Taid, achos gwerthu junk maen nhw yn Hong Kong.

Mi ddangosodd Yncl Rufus lot o lunia o'r lle i mi. Yn eu canol nhw mi oedd yna lun o ddynas Cheinî hefo dau o blant bach. Peth rhyfadd ydi gweld plant bach melyn eu croen hefo gwalltia coch 'de.

'Pwy ydi'r rhain?' medda fi.

'O,' medda fo. 'Hi ydi'r wraig!'

'Be? Musus Tomos?'

A'r munud hwnnw mi gerddodd Mam i mewn i'r gegin hefo bagiad o negas a dyna droi'r stori yn syth. Beth bynnag i chi, mi ddudodd wrtha i un pnawn.

'Dwi wedi prynu presant i ti.'

'Ew. Thanciw.'

A dyna fo'n powlio beic padlo newydd sbon i mewn o'r lobi.

''Sgin ti falans go lew?' medda fo.

'Dwn i ddim,' medda finna.

Cofiwch chi, doedd y beic ddim cweit be fasach chi'n ddisgwl. Mi oedd yna fasgiad wellt ar y tu blaen, bag lledar gwyn tu ôl i'r sêt, a dim bar o gwbwl ar y ffrâm. Ond ei liw a dynnodd fy sylw i fwya'. Mi oedd o'n rhyw binc gola hefo mydgards melyn. Ac i wneud petha'n waeth, mi oedd yna ruban mawr coch ar yr handls hefo cardyn yn deud, 'A present for a good little girl'.

'Beic hogan ydi o!' medda fi'n syth.

'Twt, twt. Dim ots am hynny,' medda Yncl Rufus. 'Y siop wnaeth wneud rhyw gamgymeriad bach. Mi wneith y tro i ti ddysgu.'

Mi fuon ni wrthi am oria wedyn ar y pafin o flaen tŷ ni. Yncl Rufus yn bachu'r ffon am y sêt a 'nghodi i o ganol y chippins bob yn ail.

'Dyfalbarhad, Walter!' medda fo. 'Practis makes perffec!'

Wel, weithiodd hynny rioed hefo dim byd arall i mi, ond mi wnes i drio 'ngora hefo'r beic. Erbyn y trydydd pnawn mi benderfynodd Yncl Rufus mai'r twll dan grisia oedd y lle gora i'r beic, a finna'n cytuno.

'Ella bod dwy welington yn dy siwtio di'n well na dwy olwyn,' medda fo. 'Awn ni am dro, yli! Lle'r awn ni heddiw?'

'Awn ni i weld Nain a Taid!' medda fi.

'Y . . . Wel. Dwi newydd gofio fod gen i appointment pwysig yn y dre, Walter. Busnes, wsti!'

Mi ddalltis inna yn syth nad oedd o a Taid yn fawr o fêts. Ond ddalltis i rioed pam, er i mi ofyn i Taid ymhen blynyddoedd wedyn.

'Gofyn i dy fam!' medda hwnnw.

'Tydi hi ddim isio siarad am y sgamp!' ddudodd honno. Gofynned o i'w nain!'

Felly mi wnes i. Ac mi ddudodd Nain wrtha i. Yn ôl pob sôn, medda hi, mi oedd Yncl Rufus yn bigamis. Wel, mi ofynnis i Tecs be oedd peth felly ac mi ddudodd wrtha i. Dynion bach, bach yn Affrica fawr oedd pigamis. Ac mi ddangosodd lun ohonyn nhw i mi. A wyddoch chi pwy oedd hefo nhw? Doctor Livingstone! Diddorol 'de!

Ond yn Hong Kong oedd Yncl Rufus yn byw. A tydi fanno ddim yn Affrica nagydi? Ond y mae'r ddau le yn bell, cofiwch chi. Ella bod Nain wedi cymysgu eto.

Ta waeth am hynny, mi ddaeth Yncl Rufus a minna yn ffrindia mawr. Am y tro cynta erioed, mi oedd rhywun yn cymryd diddordab ynof fi fel person. Roedd o'n siarad hefo fi, a finna hefo fo. Fel tad a mab. Mi welis pa mor lwcus oedd yr hogia eraill, fel Tecs, hefo tad i siarad hefo fo. Cael rhywun i redag i'r siop i nôl baco iddo fo.

'Sgin ti falans go lew?'

Roeddwn i ar ben fy nigon — tan y pnawn Gwenar hwnnw.

Mi redais adra o'r ysgol y diwrnod hwnnw achos mi oedd Yncl Rufus wedi gaddo deud ei hanas yn reidio beic rownd Wal Fawr China wrtha i. Ma' honno yn anfarth o Wal, medda fo, fath â wal Castall Caernarfon, dim ond bod yna le i chi reidio beic ar y top. Ta waeth i chi, doedd o ddim yno pan gyrhaeddais i adra, na dim golwg o'i gôt fawr na'i gês o. Ond mi oedd yna ryw ddynas ddiarth yn y parlwr ffrynt hefo Mam yn cael te bach a sgons. Ac mi oedd yna olwg flin arni hi. Y ddynas ddiarth yma felly, dim Mam. Dim ond golwg ddryslyd oedd ar Mam.

'Lle mae Yncl Rufus?' medda fi.

'Exactly!' medda'r ddynas ddiarth. 'Dyna faswn i'n licio wybod!'

'Walter,' medda Mam. 'Dyma ei fodryb Harriet o. O Ddwygyfylchi . . . Gwraig Yncl Rufus.'

'Ond dynas fach neis hefo gwallt du a dau o blant bach gwallt coch o China ydi gwraig Yncl Rufus,' medda fi. 'Dim dynas fawr dew hefo wig o'r lle arall yna.'

'Dwi ddim yn siŵr iawn be ddigwyddodd wedyn. Ella bod y ddynas ddiarth yma wedi cael hen bwl cas o dagu ar y sgon, achos mi ges i fy hel i'r llofft. Ond pan ddois i lawr i'r gegin amsar swpar doedd yna ddim golwg ohoni, ac mi ddudodd Mam fod Yncl Rufus wedi bod yn nôl ei betha amsar cinio, a'i fod o wedi gadael nodyn.

I mi oedd o, achos mi oedd Annwyl Walter wedi ei sgwennu ar y top. Un fel yna oedd o 'chi. Fy ngalw i'n Walter bob tro, byth Wali. Digon o'r rheini yn y byd yn barod, medda fo.

Mi ddudodd yn y llythyr ei fod o wedi ei alw'n ôl i Hong Kong ar frys. Am ogor ffatri clocia larwm hefo'i fêt medda fo, a'u gwerthu nhw i'r Armi. Mae rheini'n codi'n fora iawn.

Wnaeth o ddim gofyn i mi edrach ar ôl Mam a rhyw hen lol felly, ond mi wnaeth o fy siarsio i beidio coelio bob dim fasa pobol yn ddeud wrtha i. 'Cofia farnu drosot dy hun, a cadwa dy ddwy droed yn solat ar y ddaear.'

Ella mai sôn am reidio'r beic oedd o yn fanno. Ond waeth iddo fo heb â phoeni. Mi ddaeth dyn yr L.M.S. i nôl hwnnw ymhen yr wythnos. Rhyw siop Coparet yn Llandudno yn swnian am eu pres medda fo. Roeddwn i reit falch o'i weld o'n mynd, a deud y gwir, er y basa fo wedi bod yn rwbath i mi gofio Yncl Rufus. Ond mi fydda i'n meddwl amdano fo bob hyn a hyn, yn enwedig os bydd bys Bryncoch yn galw am banad yn y Little Chief yn Dwygyfylchi. (Fyddan ni ddim yn gwneud hynny rŵan, chwaith. Dim ar ôl i Mistyr Picton ofyn am "French Fries" hefo'i chips.) Neu os wela i gloc larwm hefo 'Made in Hong Kong' arno fo, wrth gwrs!

Y Trip

Er cystal lle oedd Ysgol Bryncoch, mi oedd yna ysgol arall llawn mor bwysig i ni'r plant, a'r Ysgol Sul oedd honno. Mi oedd hi'n well, a deud y gwir, achos dim ond un waith yr wythnos oeddan ni'n gorfod mynd yno. Ac wrth gwrs, mi oedd yna drip.

Batus ydan ni yn bôn 'dach chi'n gweld a Batus faswn i heddiw oni bai am Ioan y Boddwr. Fo oedd y Gweinidog. Y Parchedig Ioan Bedwyr Huws oedd ei enw bedydd o, ond Ioan y Boddwr oedd o i bawb. Mi oedd Mam yn meddwl y byd ohono fo pan oeddwn i'n fychan. Mistar Huws hyn a Mistar Huws llall. Ond tydi o'n beth od fel y mae un digwyddiad bach yn medru troi'r drol? Wel, dau a deud y gwir, ond mi bwdodd Mam yn gorn hefo fo ar ôl y digwyddiad anffodus cynta hwnnw.

Mae'n siŵr 'mod i tua phymtheg oed erbyn hynny, ac mi fynnodd Mam fod y Boddwr yn fy medyddio inna fel pawb arall. Dwn i ddim a ydach chi'n gyfarwydd hefo bedyddio'r Batus, ond mae yna lot o ddŵr. Reit o dan sêt fawr capal mi oedd yna hen bydew mawr, a dyma'r Boddwr yn gweiddi 'Walter' un pnawn Sul a phwyntio ei hen fys mawr at fanno. Braidd yn gyndyn oeddwn i achos ro'n i newydd ddechra sipian mint imperial newydd sbon,

Ioan y Boddwr

a beth bynnag, doeddwn i ddim yn cael gwisgo
welingtons na chôt oel i'r capal. Y peth cynta wnaeth o
wedyn oedd tynnu fy sbectol i, a dyna hi'n nos yn syth.

Yna, dyma fo'n rhoi ei law ar fy ysgwydd i a 'nhynnu fi
at y pydew. Y munud gwelis i hwnnw mi dynnis inna yn
ôl, a fanno fuon ni'n dau yn tynnu'n ôl a mlaen am ryw
funud. Roeddwn i'n benderfynol o beidio mynd yn agos
at y dŵr oherwydd ei fod o'n fy atgoffa i o bwll tipio
defaid Taid. Mi ges i ryw anffawd bach 'dach chi'n gweld,
ac mi fuo ogla'r dip ar fy welingtons i am wythnosa. Ond
mi ddeudodd Taid na faswn i byth yn cael chwain.

Ta waeth, mi wylltiodd y Boddwr yn y diwadd. Dyma
fo'n rhoi un llaw ar flaen fy stumog i, y llall yn sownd yn fy
ngwegil i, a 'mhlygu i fel llyfr nes oedd fy mhen i reit yng

53

nghanol y dŵr oer. Mae'n rhaid 'mod i newydd chwythu allan cyn cael y drochfa achos mi sugnis i lond bol o ddŵr budr a gweddill y mint imperial a dechra tagu a strancio. Mi lithrodd y Boddwr wedyn yng nghanol y sblashis a dyma fo heibio fi a thros ei ben i ganol y seston.

Rhyw wythnos fuos i yn fy ngwely yn dŵad ataf hun. A chwara teg i Mam, mi roddodd y bai i gyd ar y Parchedig.

'Mi fasa'r hen beth mawr yna wedi medru ei foddi o yn hawdd. Arhosed o yn ei wely i sychu allan yn iawn!'

Mi ges inna sbario mynd i unrhyw fath o ysgol am fis. Does yna ddim byd gwaeth na thamprwydd ar yr esgyrn medda Mam. Dyna pam na ches i rioed fynd i'r Boy Scouts 'chi. Mae'n debyg ei bod hi wedi mynd ar wylia campio hefo 'nhad i Loegar pan oedd hwnnw'n fyw. Doeddwn i ddim yno achos doeddwn i ddim yn bod, ond mi ddeudodd Mam yr hanas wrtha i. Mi fuo hi'n stido bwrw am yr wythnos gyfa, medda hi, a hen beth ofnadwy ydi cael oerfal yn y Cotswolds.

Biti hefyd. Mi faswn i wedi mwynhau cael bwyta swpar wrth y tân, a chanu 'Lawr ar lan y môr' a 'Ping pong pêl' a phetha felly.

Doedd gen i fawr o awydd mynd yn ôl i Salem ar ôl hynny. Mi wnes i droi yn erbyn yr holl syniad o Ysgol Sul a Chapal a phetha felly am hydoedd. Dwi'n cofio deud yr hanas wrth George ar y ffor' adra o gêm gwpan yn Moelfre. Roedd o reit flin achos mi oedd Mistyr Picton wedi deud petha hyll wrtho fo am fethu penalti.

'Mi nath yr un peth digwydd i brawd fi, Wal!' medda George.

'Be? Glychu?'

'Na. Troi ded yn erbyn Ysgol Sul. Ar prygethwr oedd y bai bod Harold yn Walton, 'sti.'

'Ew. Sut felly, George?'

'Wel. Mi nath o gymysgu rhwng 'Ceisiwch a chi a gewch' a 'Câr dy gymydog'.

'O.'

'Do. A mi nath o geisio car y cymydog. A ca'l chwe mis am ddwyn Vauxhall Astra dyn drws nesa!'

Ond yn wir i chi, yn ôl i'r Ysgol Sul y bu raid i minna fynd, er cymaint yr oedd hi wedi pwdu hefo'r Gweinidog. Ches i fawr o groeso yno chwaith, ond mynd oedd raid neu mi fasa hi wedi canu arna i gael mynd ar y trip. Y diwrnod hwnnw oedd y pwysica un o'r flwyddyn, ar ôl y Dolig a phen blwydd Mam.

I Rhyl oeddan ni'n mynd fel arfar, er bod Capal Methodus yn ffond iawn o fynd i weld rhyw hen floda yn Southport. Ond i Marîn Lêc oedd y Batus yn mynd bob gafael. Am fod yno lot o ddŵr yno mae'n siŵr. Diddorol 'tê?

Y drefn oedd ein bod ni yn cael dau swllt i wario am fod yn blant da a mynd i'r Ysgol Sul. Ond er cymaint yr oeddwn i'n mwynhau'r trip, a'r methu cysgu noson cynt a ballu, mae yna un trip sy'n sefyll allan, a hwnnw oedd yr ola' un.

Y diwrnod hwnnw, mi ddudodd Mam wrtha i am anghofio am y Boddwr a'r drochfa, a mwynhau fy hun fel arfar.

'Well iddo fo beidio ista hefo'i fam yn y Moto Coch y tro yma. Mi steddith hi hefo Mistar Huws, ac mi geith ynta ista yn y cefn hefo'r llafna, a bihafio!'

Ac felly bu. Roedd hi'n ddechra Gorffennaf, ac mi ges i wisgo crysbas yn lle côt oel am ei bod hi mor braf. Mam a fi oedd y rhai ola' ar y bys.

'Reit! Dyma nhw wedi cyrradd. Cychwynned!' medda

Mam, a phlannu ei phen ôl ar y sêt agosa at y Boddwr. Mi es inna i'r cefn.

Dim ond un sêt wag oedd yna, ac mi steddis i lawr heb sbïo yn iawn pwy oedd yn y llall.

Yn sydyn, mi neidiodd 'nghalon i 'nghorn gwddw i pan glywais y llais yma yn deud 'Haia, Wali'. Dyma droi 'mhen a sbïo i fyw llygad Jên Tŷ Cocyn.

'Ew. S'mai, Jên. Lle 'ti'n mynd?'

Atebodd hi ddim, ond mi wnaeth hi glamp o fybl hefo'i chewing gum pinc. Mi driais inna stwffio 'nghariar bag o dan y sêt.

'Be 'sgin ti'n fanna?' medda Jên.

'Bechdan,' medda finna. 'A pacamac.'

''Sgin ti rwbath i yfad?'

Mi gofis yn sydyn bod Mam wedi rhoi Dandelion and Burdock mewn potal sôs i ni erbyn amsar cinio, ond hi oedd yn cael yr hannar top bob tro.

'Oes. Ond mae o'n rhy ffisi. Eith o i fyny dy drwyn di.'

Dyna'r tro cynta i ni gael siarad, dim ond Jên a fi, ers dyddia Sdandard Tŵ.

'Ti wedi mynd yn hogyn mawr smart, Wali.'

'Pardyn? O. Thanciw. A chditha hefyd . . . wedi mynd yn fawr . . . mewn llefydd gwahanol 'de!'

'Be? 'Ti'n meddwl 'mod i'n dew?'

'Ew. Nagydw. Fydda i byth yn dy alw di'n Jên Dew. Ti jyst neis!'

Ac wrth fy ochor i y buo Jên yr holl ffordd i Rhyl. Welis i mo Llanfairfechan na Chastall Conwy, dim ond sbïo'n slei arni hi a syllu'n syth ymlaen ar gefn y sêt pan oedd Jên yn deud petha neis.

'Ma'n siŵr y byddi di'n mynd rownd hefo dy fam,' medda Jên.

Disgwyl bys y Trip Ysgol Sul
i Marîn Lêc

'Pardyn? O, na. Ma' Mam yn deud ei bod hi isio mwynhau ei hun,' medda finna.

'Iawn 'ta. Mi gei di fynd rownd hefo fi,' medda Jên. A dyma hi'n gafael yn fy mraich i a rhoi ei phen reit ar fy ysgwydd i nes bod ruban ei gwallt hi'n cosi 'nhrwyn i braidd.

'Fedri di feddwl am rwbath fedrwn ni wneud, Wali? Dim ond y ddau ohonan ni.'

Wel. Mi o'n i wedi bod yn Rhyl lot o weithia, ac mi wyddwn yn iawn be oedd ganddi hi dan sylw.

'Big Wîl!' medda finna.

Am y candi fflos yr aethon ni gynta, ond mi aeth hwnnw'n sownd yn fy sbectol i, ac mi fuos i'n gweld bob dim yn binc am bwl wedyn. Ella mai dyna pam y ces i'r ddamwain hefo'r go-kart. Gweiddi petha gwirion wnaeth yr hen ddyn hwnnw hefyd. Sut oedd o'n gwybod mai Wali oedd fy enw i tybad?

Mi oedd Jên isio go ar bob dim medda hi. Ond ar ôl bod ar y motos bangio mi ddechreuodd gwyno bod bob dim yn 'boring'. Yna, dyna hi'n cydio yn fy llaw a fy llusgo i at ryw le reit debyg i geg pwll glo.

'Ei di â fi ar hwnna, Wali?'

'Be ydi o, Jên?'

'Tunnel of Love, yli. Tyd!'

A chyn i mi gael cyfla i feddwl, mi afaelodd Jên yn fy mresus i a 'nhynnu i mewn i ryw gwch rhwyfo bach heb rwyfa, ac off â ni hefo'r afon reit i ganol rhyw hen ogof. Roedd hi'n dywyll fel bol buwch yno, dim ond rhyw hen llgada mawr coch yma ac acw, a sŵn hen betha'n chwerthin. Yn sydyn, mi glywis rwbath yn cosi top fy meret i.

'Ew, Jên,' medda fi. 'Be 'ti'n neud?'

Dim ond jyst digon i droi drosodd . . .

Ond dim y hi oedd wrthi. Rhyw betha hir fel gwe pry cop oedd yn hongian o'r to. A bob matha o betha hyll cogio yn sownd ynddyn nhw.

Wel, 'dach chi'n cofio be wnaeth Jên hefo'r llyffant erstalwm? Dyma hi'n mynd yn stiff fel procar a gafael rownd fy ngwddw i mor sownd nes 'mod i bron â mygu.

'Wali,' medda hi. 'Crîpi crôlis!'

A dyma hi'n codi ar ei thraed yn y cwch bach a dechra sgrechian fel tasa hi o'i cho'. Ar hynny dyma finna yn cael yn rhydd o'i haffla hi. Mi ddechreuodd y cwch siglo. Dim llawar chwaith. Dim ond jyst digon i droi drosodd, nes bod Jên a finna yng nghanol y dŵr. Doedd yna fawr o ddŵr yno, trwy ryw lwc, rhyw fymryn bach dros fy welingtons i, ond mi oedd yna ddigon i stopio'r sgrechian.

Fanno fuo Jên a minna, yn y dŵr a'r tywyllwch, a honno'n gafael yn sownd fel gela ac yn crynu fel deilan. Mi wnes fy ngora i berswadio Jên nad oedd yna ddim crocodeils na sliwod yn y dŵr, a chyn i mi gael cyfle i amau fi fy hun, mi gyrhaeddodd y cwch nesa. Dau o Cwînsfferi oeddan nhw, cwpwl reit neis chwara teg, a dyma nhw'n cynnig rhoi lifft i ni allan o'r ogof.

Erbyn hyn, wrth gwrs, mi oedd cwch ni wedi cyrraedd adra'n wag, a dyn y lle wedi panicio'n lân. Pan welodd Jên a fi olau dydd y peth cynta gawson ni oedd môr o wyneba, a'r dyn oedd bia'r ogof yn neidio i fyny ac i lawr fel peth gwirion. Reit debyg i Mistar Picton, a deud y gwir, pan fydd George yn methu sitars.

Y gwynab clir cynta welis i wedi i mi sychu fy sbectol oedd Mam. A sbïo'n gas oedd hi hefyd. A phwy feddyliach chi oedd wrth ei hochor hi? Neb llai na'r slebog Boddwr 'na ei hun. Ac os oedd Mam yn sbïo'n ddu, mi oedd ei hen wynab o'n wyn fel y galchan.

'Gwarthus!' medda fo. 'Gwarthus! Codi cywilydd arna i, ac ar y Capel, ac ar yr Ysgol Sul. Gwarthus!' Ar ôl y pumed gwarthus dyma fo'n troi at Jên. Mi oedd yna ddau bry cop plastig wedi lapio rownd gwddw Jên ac yn ista'n braf ar du blaen ei blows hi.

'Be ydi pethau fel hyn?' medda fo wedyn.

'W, Mistar Huws,' medda Jên. 'Ffor shêm. Gofyn petha powld!'

Wel, os oedd gwynab y Boddwr yn wyn pan landion ni, mi aeth o yn lot o liwia wedyn, a gorffan yn rhyw biws tywyll. Welodd neb mono fo am hir iawn ar ôl hynny. Mi ddudodd Mam ei fod o wedi mynd adra hefo trên, ac mi oedd honno reit falch achos mi gafodd y sêt i gyd iddi hun ar y ffor' adra.

Fuo Mam na finna ar yr un trip wedyn. Na Jên chwaith am wn i. Mi fydda i'n meddwl amdani reit amal, 'chi. Yn enwedig wrth llnau cwt newid neu wrth farcio Cae Tudor. Dwi'n gwybod yn iawn lle mae hi'n byw. Mi briododd rhyw foi hefo hefi gwds o Ben Llŷn, ac mi gafodd dri o blant a thŷ semi-ditach yn Elismeri Port. Lle bynnag mae hi, gobeithio ei bod hi'n hapus, a gobeithio bod yna ddim crîpi crôlis yno.

Welis i ddim llawar o'r Boddwr wedyn chwaith. Roedd o'n tueddu i groesi'r lôn pan oedd o 'ngweld i'n dŵad, ac mi ddudodd Mistar Huws, Mount Pleasant, ei fod o wedi mynd i grynu drosto ac yn chwys doman pan ofynnodd rhywun iddo fo drefnu trip arall.

Ta waeth, mi lwyddodd Jên i wneud rwbath na fedrodd o wneud erioed. O leia mi fedrodd hi roi bedydd go-iawn i mi yn y Marîn Lêc.

Yr Ysgol Fawr

Ma'n siŵr eich bod chitha wedi sylweddoli erbyn hyn nad oeddwn i fawr o sgolar. Dim llawar o foi ar y sgwennu a'r darllan a'r siarad 'ma. Mi ddeudodd Mistar Picton wrtha i unwaith bod cael H.Q. o dros hannar cant yn bwysicach na sgolarships a G.E.C. Ac mi ddyla fo wybod achos does gynno fo'r un ohonyn nhw!

Ond eto mi ges i fynd i'r Ysgol Fawr yn y dre hefo gweddill y criw. Y Cownti Sgŵl oedd pawb yn galw'r lle, ond mi oedd Yr Ysgol Ganolraddol wedi ei sgwennu'n fawr mewn crîm ar y tu blaen. Dwi'n cofio deud hynny wrth Taid wedi i mi ddysgu 'i ddarllan o.

'Be 'ti'n ei rwdlan hefo dy ganol 'rafon?' medda hwnnw. 'Does yna'r un afon yn agos i'r lle!'

'Mi chwilia i,' medda finna.

Afon neu beidio, yn fanno y bûm i am ryw bedair blynedd wedyn. Mi oedd yr athrawon yn o lew hefyd, y rhan fwya' ohonyn nhw, dim ond iddyn nhw beidio rhoi llyfr o 'mlaen i. Dau lyfr pwysig sydd yna medda Mam, y Beibil a'r Llyfr Rhent. Mi faswn i'n mentro deud bod yna dri. Mae llyfr bach y reff yn bwysig hefyd, yn enwedig os ydi'ch enw chi yn digwydd bod ynddo fo.

Dwi'n cofio'r bora cynta yn y Cownti yn iawn. Mi oedd

Mam wedi gorfod prynu garbadîn las i mi am y tro cynta rioed.

'Cheith o ddim mynd i le fel'na hefo côt oel. Rhaid iddo fo wisgo hen beth fel hyn!' medda hi.

Ac i ffwrdd â fi. Welingtons a garbadîn newydd a balaclava am fy mhen. Hen un Taid oedd o. Nain wedi ei wau o iddo fo pan oedd o yn yr Armi, ond wedi anghofio gadael digon o dwll iddo fo gael ei wynt. Mi oedd 'nhrwyn a 'ngheg i'n iawn, ond mi oedd yn fwgwd am fy sbectol i braidd. Ta waeth, mi ddoth yn iawn wedi i mi halio dipyn arno fo.

I ddosbarth 1D yr es i ar fy mhen. Ond fuo yna ddim rhyw hen lol o aros yno am flwyddyn arall fel hefo Miss Mostyn. Na. Mi ges i fynd i 2D wedyn ac yna i 3D, jyst fel pawb arall.

Y peth brafia yn y Cownti oedd fy mod i'n cael gwneud lot o wahanol betha, fel symud desgia o un dosbarth i'r llall, a llnau lle wdwyrc. Helpu'r Gofalwr oeddan nhw'n galw petha felly. Buan iawn y dois i ddallt bod dim rhaid i mi aros mewn gwersi sgwennu a gwneud llun fel pawb arall. Dim ond deud bod y Gofalwr am i mi ei helpu o, ac mi o'n i'n ecsciwsd. A deud y gwir, mi oedd amball un o'r athrawon yn fy ngyrru i chwilio amdano fo, jyst rhag ofn.

Mi ddudodd Jôs Gofalwr lawar gwaith mai fi oedd y prentis gora gafodd o rioed. Hynny ydi, nes i mi gael y ddamwain honno hefo'r shafins. Fo ddudodd wrtha i roi nhw ar dân, ond mi anghofiodd ddeud wrtha i fynd â nhw allan gynta. Ond fuon nhw fawr o dro yn codi lle wdwyrc newydd.

Cofiwch chi, doedd hi ddim yn fêl i gyd yn y Cownti chwaith. Fel pan wnaeth yr hen fwbach Robaij P.T. hwnnw drio 'nghael i dynnu'n welingtons.

'Cha i mo'u tynnu nhw gan Mam,' medda fi.

''Sgin ti nodyn?'

'Be? Do-re-mi?' medda finna.

Ella'i fod o ddim yn licio miwsig achos mi ges i'r fath glustan nes 'mod i'n clywad sŵn y môr am ddau ddwrnod.

Mi fuo raid i mi fynd adra i ofyn i Mam am bapur doctor yn deud bod raid i mi wisgo welingtons er lles 'nhraed i.

'Fedrwn ni ddeud bod gen i asparagus veins fath â chi?' medda fi.

'Poened nhw am ei ben o!' medda Mam. 'Mae ei draed o'n iawn.'

Cas petha gen i oedd yr hen wersi P.T. rheini hefo Robaij. Mi driodd wneud i mi ddringo rhaff reit i'r top un waith.

'Walter. Up!' medda fo.

'Pardyn?'

'Dringa. Reit handi!'

'I be?'

'Be 'ti'n feddwl?'

'Be fydd yno ar ôl i mi gyrraedd?'

'Wel. Dim byd.'

'O. Dwi'm yn mynd felly!'

A dyna i chi'r 'cross-country' wedyn. Rhedag fel petha gwirion ar draws caea i ddim byd. Sgynnoch chi ddim syniad peth mor anodd ydi dringo dros wrych neu fynd drwy giât mochyn hefo welingtons yn llawn o fwd a balaclava a hwnnw'n socian. Ond y sbectol oedd y drwg 'chi. Mi oedd pawb yn y dosbarth wedi 'mhasio i ac wedi sblashio sbrencs mwdlyn i 'ngwynab i. Dim ond un ateb oedd yna — ecsciwsd P.T.!

Yr unig ffor' i wneud hynny oedd llythyr cas gan Mam yn deud 'mod i'n rhy sâl i gymryd rhan. Fasa honno byth yn meiddio deud celwydd am y fath beth, felly mi benderfynis sgwennu un fy hun ar y papur sgwennu tew hwnnw yn y seidbord. Un da oedd o hefyd!

Annwyl Mistar Robaij P.T.

Fedar Wali Tomos ddim gneud hen betha gwirion mewn trwsus bach yn y mwd achos mae o wedi cael daiaria drwy dwll yn ei welington. Ac arnach chi mae y bai.

Yours faithful,

Fy mam.

P.S. Mae o'n dal i gael pigyn clust ar ôl y glustan.

Wel, mae'n siŵr ei fod o wedi gweithio, achos yn fuan iawn wedyn mi ddudodd 'mod i'n sysbended o P.T. am byth. Bob tro oedd yr hogia yn chwara pêl-droed ar y cae mawr mi fyddwn i'n sefyll ar y lein yn rhynnu. Dwi'n meddwl mai dyna pryd ges i'r awydd i fod yn leinsman 'chi. Prentisiaeth reit dda oedd sefyll yn y glaw a'r oerni yn stydio hogia 3D yn cael gêm. Dysgu consyntreiddio ar y mŵfs, fel y bydd Mistyr Picton yn deud.

Doedd fiw i mi edrach ffor' arall chwaith, achos mi oedd y genod yn chwara hoci yn fanno, ac mi oedd Meri Ann Oel Lamp wedi rhoi rhyw hen hint bach i mi beidio sbïo ar 'u coesa nhw.

'Os wela i un o dy hen gogls budur di yn sbïo ffor'ma, mi sdwffia i'r hoci sdic yma i lawr dy gorn gwddw di, drw'r Rhosbol, ac allan drwy dy Aberdeen di! Dallt?'

Hen hogan iawn oedd Meri Ann hefyd. Mi oedd hi am fod yn genhadas erstalwm, ond mi ddudodd ei thad hi wrtha i pan oedd o'n delifro paraffin ei bod hi wedi cael job dda iawn yn cyfri penna mewn lladd-dy yn Sir Fôn.

'Ma' gynni hi system dda 'sti, Wali,' medda fo.

'O.'

'Oes. Mae hi'n cyfri traed a rhannu hefo pedwar.'

Yr athro casa gen i oedd y Preis Hanas hwnnw. Dwi

ddim yn dallt neb sy'n medru parablu drwy'r dydd am ryw hen bobol wedi marw, ac am ryw ddyddiada a rhyw ddigwyddiada diflas. Mi fydda fo'n gweiddi ar dop ei lais weithia am y Rhyfal Rhosod a'r Magnet Cartra, ac am William Shakespeare yn torri pen y brenin hwnnw oedd yn ista ar lan y môr yn rhegi ar y llanw.

'Lle wnaethon nhw seinio'r Magnet Cartra, Walter?' medda fo un pnawn dydd Gwenar diflas.

'Ar y gwaelod,' medda finna.

A dyna chi'r Llywelyn ap Griffiths hwnnw wedyn. Fo gafodd ei ladd yn Mid-Wêls yn rhywle. Hen le peryg ydi o medda Mistyr Picton. Mae 'na lot o bobol wedi colli'u penna yn fanno.

Mi fedra i weld y pwynt o sôn am Lloyd George a John Jones Talysarn a phobol bwysig felly, achos mi fuo Nain a Taid yn sôn lot amdanyn nhw. Dwi'n cofio Taid yn deud bod Nain yn nabod Lloyd George yn iawn ac mi wylltiodd honno am ryw reswm a mynd i fwydo'r hwch. Ond newydd ddŵad adra o'r dre oedd Taid ar y pryd, ac ella ei fod o wedi blino.

Un waith erioed y cawson ni homwyrc i wneud adra gan yr hen Breis. Gwneud llun o gymeriad hanesyddol hefo pensal oedd y dasg, ac mi fûm i wrthi am oria ar ôl te yn tresio llun allan o lyfr hefo papur grisprwff.

'Be ar wyneb y ddaear ydi hwn?' medda fo bora wedyn.

'Roy of ddy Rofyrs!' medda fi.

'A be wnaeth hwnnw erioed?'

'Sgorio hatric yn Wembli wedi torri'i goes!'

Mi ddudodd wedyn bod raid iddo fo fynd allan am awyr iach, achos mi aeth o reit welw. Ond chwara teg iddo fo, chawson ni rioed waith cartra ar ôl hynny.

A doedd yr hen beth Jeneral Seians honno fawr gwell chwaith. Gwraig rhyw ddyn siwrans o Ben Llŷn oedd hi, ac yn Susnas ronc wedi dysgu rhyw fymryn o Gymraeg i gael y job. Mi fuo hi wrthi am wsnosa yn rwdlan am ryw bwynt rhewi a mesur tymheredd a phetha felly. Wel, mi ddudis i wrthi hi 'mod i wedi dysgu hynny i gyd hefo Mistar Lewsyn.

'Feri wel, Walter!' medda hi. 'Beth yw pwynt berwi dŵr?'

'I wneud panad, Miss!' medda finna.

'Hm,' medda hi wedyn. 'I want you all to draw a chart.'

A dyma finna'n tynnu llun trol a cheffyl dela welsoch chi. Un da, wedi ei liwio a bob dim. Ond ar ei ben i'r fasgiad yr aeth o.

Dim ond hefo un o'r athrawon yr oeddwn i'n ffrindia go-iawn. Mistar Caradog yr Athro Cymraeg oedd hwnnw. Mi ddudodd wrtha i unwaith ei fod o'n arfar canu hefo Taid ar nos Sadwrn, ond dwi ddim yn cofio lle. Hefo fo ddysgis i lot o betha dwi wedi anghofio heddiw. Fel Cynan yn canu am yr Esgimo:

'Pe cawn i iglw un prynhawn.'

A dyna i chi Eifion Wyn yn ennill ffyrst preis yn Steddfod y Parlwr Du, ond yn methu bod yno am ei fod o'n edrach ar ôl defaid Cwm Pennant. Ella'u bod nhw'n dŵad ag ŵyn.

Bron iawn na ddeuda i 'mod i'n well na Tecs a'r rheini am ddysgu poitris Cymraeg, achos mi oedd Taid yn rhoi lot o help i mi. Rybish ydi lot o hen betha felly medda Mistyr Picton, ond dydi o'n gwybod dim byd ond rhyw hen limerics digwilydd. Mi fuo jest iawn i mi gystadlu ar yr adrodd yn Steddfod Bryncoch un waith ond mi wnes i gymysgu rhwng 'Y Gwdi Hŵ' a 'Hei-ho, Heidi-ho' ac mi aeth yn 'Hei-ho, Gwdi-hŵ' rywsut. Disgwaliffeid gefis i, ond fi gafodd y mwya' o glapio, medda Mam.

Un waith erioed y cefis i fy hel adra o'r ysgol am fod yn hogyn drwg. Mi oedd yr hen slebog John Cae Pistyll yna wedi bod yn dwyn fala yn y berllan o flaen tŷ'r Prifathro. Fo a'i frawd, Huw, a dau o hogia Tai Newydd. Mi wnaethon nhw ofyn i mi fod ar gard, ond mi ddudis i Na, achos hen fala surion oedd gan Batman yn y rar ffrynt. Batman oeddan ni'n galw'r Prifathro 'chi, dim am ei fod

o'n debyg i hwnnw achos dyn bach oedd o, ond am ei fod o'n gwisgo gown fawr ddu a honno'n chwifio yn y gwynt a gwneud sŵn wrth iddo fo gerddad. Ella ei fod o'n debycach i ryw dderyn du wedi brifo na ffilm star. Erbyn meddwl, mi oedd o'n ddigon piwis a phigog hefyd. Diddorol 'de?

Ta waeth i chi, mi gafodd hwnnw si bod yna rywun

wedi bod yn dwyn 'i fala fo, a dyma hel yr hogia i gyd i mewn i'r neuadd i gael ram-dam. Jyst cyn i mi fynd i mewn, dyma Huw Cae Pistyll yn stwffio un o'r fala i bocad fy nhrywsus i.

'Dyma chdi, Wali,' medda fo. 'Am fod yn hen foi iawn.'

'Thanciw,' medda finna, fel yr oedd Batman yn dechra holi pawb fesul un.

'Fuoch chi'n lladrata ffrwythau o'r winllan, Walter?' medda fo.

'Pardyn?'

'Fuoch chi'n dwyn fala?'

'Naddo!'

''Dach chi'n siŵr?'

'Ydw Tad,' medda fi. 'Hen betha surion ydyn nhw. Dydyn nhw ddim gwerth!'

'O. Felly,' medda fo. 'Gadewch i mi weld beth sydd gennych yn llogell eich llodrau.'

Ma' gin brifathrawon iaith 'u hunain 'does? Mi ddalltis wedyn ei fod o am weld be oedd ym mhocad 'nhrywsus i. A dyna hi'n fai ar gam eto.

Chwerthin wnaeth yr hen betha Cae Pistyll yna. Ond mi ges i nhw'n ôl. Amsar cinio oedd hi, ac mi oedd John newydd brynu eis bŷn yn bwdin yn y cantîn.

'Be 'ti'n sbïo, Pot Jam?' medda hwnnw.

'Fedri di fyta honna i gyd heb gymryd dy wynt?' medda fi.

'Pam? Fedri di?'

'Mi fetia i geiniog hefo chdi y medra i!'

A dyma fo'n sythu fel procar a gweiddi ar dop ei lais.

'Hei, hogia. Ma' Wali Wirion am fyta hon heb gymryd 'i wynt. Tyrd 'laen 'ta!'

A dyma fi'n gafael yn yr eis byn oddi ar y plât a'i byta hi reit o flaen ei drwyn o.'

'Ti'n cymryd dy wynt. Ti wedi colli dy fet!' medda Huw.

'O. Iawn,' medda fi. ''Ma hi dy geiniog di. Rhad iawn oedd hi hefyd!'

Dyma pawb yn dechra chwerthin am ben John, hyd yn oed ei frawd o ei hun, am ei fod o wedi colli ei bwdin. A dyma finna allan i'r iard fel melltan i chwilio am Tecs, jyst rhag ofn.

Mae John ar y môr ers blynyddoedd 'chi. Sgwn i a ydi o'n cofio? Mi fydda i'n meddwl amdano fo reit amal, yn enwedig os bydd Mam wedi prynu fala a'r rheini braidd yn sur.

A Huw wedyn. Mi gafodd o job reit dda hefo'r petha teledu yma medda nhw. Mi ddudodd Wili Bryngo mai fo oedd yr H yn H.T.V., ond rhyw foi o Harlach ydi hwnnw medda Mistyr Picton. Gosod erials yn Llanrwst mae o, medda Tecs.

Ches i ddim aros yn yr ysgol yn hir iawn ar ôl hynny. Mi ddudodd Batman na fedran nhw ddysgu dim mwy i mi, a'r peth gora fydda i mi fadael. Ma' Mistyr Picton yn iawn 'chi. Does yna ddim llawar ym mhenna athrawon. Wyddoch chi, yn ystod fy mhedair blynedd i yno, wnaethon nhw ddim dal neb yn dwyn fala. A meddyliwch amdanyn nhw ddim yn nabod Roy of ddy Rovers. Ond erbyn meddwl, ches inna byth hyd i'r afon i Taid chwaith!

PUNISHMENT BOOK

Year 19

DATE MONTH AND DAY	NAME OF SCHOLAR	FORM OR CLASS	NATURE OF OFFENCE
4th Sept. 1957	Thomas Wyn Pugh	4D	Anufuddhau i'r gorchymyn symyl— 'Nac ymdrybaeddwch yn rhwythyllwch ofevedd !
5th Sept 1957	J. Morris. H. Morris (Cae Pistyll) Brothers	5B.	Rhuthro ar winllan y Prifathro a lladrata '7 afc a rheiny heb foa yn surion
	Walter Hugh Thomas	4D	Gweler uchod

PUNISHMENT	SIGNATURE (OR INITIALS) OF TEACHER WHO ADMINISTERED THE PUNISHMENT
1 Wialenodiad (Ar yr aswy law)	Parch. J. M. Lloyd (Ysgolfeur)
1 wialen yr un ar y man mwyaf deheuol	R. J. Morgan Jones. M. A. (Oxon).
Rhybudd yn unig (Heb ddeall)	"

Mistyr Picton

Dwi'n cofio'r tro cynta erioed i mi weld Mistyr Picton. A'r pnawn cynta erioed i mi fynd i Gae Tudor. Hefo Tecs oeddwn i, ac ar Anti Lisi Tecs oedd y bai. Mi oedd honno'n byw yn un o'r tai yna sydd hefo rar gefn reit yn ymyl y cae. Dros ben wal yn union i'r lle y bydd Mistyr Picton yn arfar sefyll os na fydd hi'n bwrw glaw mawr.

Wel, pnawn Sadwrn oedd hi, ac mi'r oedd Anti Lisi Tecs newydd hel y ddau ohonan ni allan am insyltio'i chi hi. Fi ddigwyddodd sôn mai cŵn rhech oedd Taid yn galw pŵdls. Mi wylltiodd Anti Lisi Tecs yn ofnadwy achos roedd hi'n meddwl y byd o Claryns. Ei dad o wedi cael sdifficet Kennomeat yn Sioe Fawr Sgryffts medda hi. A mi fasa fo wedi sgubo Sioe Nefyn hefyd oni bai am y gath drws nesa yn ymosod arno fo yn y twllwch. Ond wedi deud hynny i gyd, ci rhech oedd Claryns!

Ta waeth i chi. Mi ddudodd Anti Lisi Tecs wrtho fo fynd allan, a mynd â'r peth gwirion yna hefo fo. Mi gymris i mai fi oedd hi'n feddwl, ac nid y ci, achos mi fachis i ar ôl Tecs allan drwy'r drws cefn a dros ben y wal i'r cae. Roeddwn i reit siomedig hefyd, achos mi oedd gan Anti Lisi Tecs un peth pwysig iawn, pwysicach hyd yn oed na

Claryns, sef telefision. Ac mi oedd yna gowboi Cisco Kid bob pnawn Sadwrn.

Welis i'r un cowboi y pnawn hwnnw am wn i. Ond mi ges i weld tîm Bryncoch yn chwarae am y tro cynta. Dyna i chi brofiad mawr i hogyn bach. Mi oedd Tecs wedi bod yn Cae Tudor o'r blaen medda fo. Ond doeddwn i ddim yn ei goelio fo, achos mi ddudodd bod Bryncoch yn chwarae mewn glas. A wyddoch chi, er mai dim ond rhyw ddeg oed oeddwn i, mi ges i ryw deimlad o berthyn yno rywsut. Rhyw deimlad cartrefol braf. Ac mi arhoson ni yno drwy'r gêm, yn symud o un ochor i'r cae i'r llall o flaen Harri Jôs Lludw am ei fod o'n dŵad rownd hefo tun casgliad.

Y pnawn hwnnw welis i o gynta rioed hefyd. Mistyr Picton felly, dim y tun casgliad. Wnes i ddim sylwi arno fo strêt awê chwaith. Dim nad oedd o'n sefyll allan cofiwch, achos mi oedd o! Fo sgoriodd gôl gynta Bryncoch. Taran o hedar i gongol y rhwyd os dwi'n cofio'n iawn, a phawb yn gweiddi, 'Da iawn, Arthur!' a 'Gwd hed, Arthur!' Fo ddaru ennill y gêm mae'n siŵr achos mi oedd yna wên fawr ar ei wynab o'n mynd am y cwt newid. Dyna pryd rois inna 'nhroed ynddi hi.

'Y . . . Wel plêd, Arthur!' medda fi.

'Be ddudist ti, washi?' medda fo'n ôl.

'Da iawn . . . Arthur!'

'Mister Picton i chdi, yli. Neu Private Arthur Picton 'de. Royal Welsh Fusiliers!'

'O. Thanciw!'

Mi ddudodd Tecs yn syth ei fod o rêl pen bach o beth mor fawr. Ac mae o wedi deud rwbath tebyg lot o weithia ers hynny hefyd.

'Ella ei fod o ddim yn licio'i enw,' medda finna.

A tydi o'n beth rhyfadd. Mistyr Picton dwi wedi ei alw

78

'Gwd hed, Arthur!'

fo byth ers hynny 'chi. Dim bod gen i barch mawr iawn iddo fo'i hun na dim byd felly chwaith. Ond mae'n rhaid dangos parch at y swydd 'does? A fo ydi Rheolwr a Chadeirydd Bryncoch 'de? Ac ar wahân i hynny, mae o wedi chwara i Gymru 'tydi? Mi gafodd ei ddewis i chwara yn erbyn Lloegar yn Aberystwyth medda fo wrth Harri Jôs, ac mi oedd yr hen Sais mawr o sentar-fforward hwnnw yn ei bocad o drwy'r gêm. Mi fasa 'i enw fo yn y rhaglen hefyd oni bai i'r printars wneud smonach a methu sbelio Picton.

Dyn smart oedd o erstalwm chi. Dwi'n gwybod ei fod o wedi mynd yn dew ac yn flin erbyn heddiw, ond mi fedra i weld o rŵan yn martsio am Gae Tudor yn ei iwnifform pan oedd o adra ar 'leave'. Sigarét yn ei geg o, a'i wallt o'n sgleinio fel ei sgidia fo. Rhyw ugain oed oedd o'r adag hynny mae'n siŵr, ond mi oedd o'n ddyn mawr i Tecs a fi.

Ella mai'r ddamwain wnaeth ein closio ni at ein gilydd hefyd. Fel hyn oedd hi. Mi oedd Bryncoch hefo gêm midwîc yn ganol rwsnos, ac mi oedd Tecs a fi yno o flaen pawb fel arfar. Dyma Mistyr Picton yn dŵad atom ni i siarad.

Ddudis i ddim byd, dim ond sbïo arno fo. Ond mi benderfynodd Tecs drio bod yn glyfar.

'Soldiwr ydach chi?' medda fo.

Mi edrychodd Mistyr Picton ar Tecs, yn union fel y bydd o'n dal i sbïo arna i weithia. Yna, mi edrychodd i lawr ar ei iwnifform.

'Naci,' medda fo. 'Nyrs!'

'O.'

'Ma' Taid wedi bod yn Rarmi!' medda finna.

'Diddorol iawn!'

'Llnau tancs oedd ei job o.'

Mi fuo bron iawn iddo fo wenu'r adag hynny.

'Duwadd. Sherman Tanks ia?'

'Naci! Septic tancs!'

'Arglwy' mawr!'

Ac i ffwrdd â fo am y cwt newid. Ond dyma fo'n ôl at Tecs ymhen rhyw bum munud.

''Sgin i ddim ffags,' medda fo. 'Ac mae Siop Star wedi cau. Gei di dair ceiniog os ei di i Siop Lisi Ann i mi.'

Ond mi oedd Tecs wedi llyncu mul hefo busnas y nyrs, a mi ddudis i y baswn i'n mynd.

'Be 'dach chi isio?' medda fi.

'Deg o Seniors!'

'A be os ydi Anti Lisi Ann ddim yn 'u gwerthu nhw?'

'Wel. Tyrd â rwbath arall 'de!'

'Iawn.'

I ffwrdd â finna wedyn yr holl ffordd i Siop Lisi Ann achos doedd honno byth yn cau. Doedd hi byth yn gwerthu dim byd chwaith, dim ond pan oedd Siop Star wedi cau. Ond ta waeth, mi landis yn fy ôl 'mhen rhyw chwartar awr.

'Lle mae'n ffags i?' medda fo.

'Sold owt!' medda fi.

'Be 'sgin ti 'ta?'

'Dau bacad o grisps,' medda finna wedyn.

'Fedra i ddim smocio'r rheini, na fedra!'

'Chi ddudodd wrtha i ddŵad â rwbath arall 'de?'

'Twmffat!'

A dyma fi'n cael fy hel yn ôl yno wedyn.

'A brysia tro yma!' medda fo.

Wel, pan mae dyn fel Mistyr Picton yn deud wrthach chi frysio, mi rydach chi'n gwneud 'tydach? Hogyn bach oeddwn i 'de, a fynta'n soldiwr dewr. Ac mi redis inna ffwl-sbîd am Siop Lisi Ann am yr ail dro, hefo dau swllt gloyw Mistyr Picton yn gynnas yn fy llaw i. Dwn i ddim os mai'r holl sôn am yr Armi, y sigaréts a'r crisps oedd wedi mwydro 'mhen i, ond welis i mo'r car yn dŵad 'chi! Mi ddudodd Jôs Plisman wrth Mam 'mod i wedi rhedag allan reit o flaen Rover Mistyr Puw y Banc, a 'mod i'n lwcus mai newydd ei brynu o oedd o, achos mi oedd o'n mynd yn ara deg i'w redag o i mewn.

A dyna ddudon nhw yn casiwaliti hefyd. Deud 'mod i'n lwcus fy mod i wedi landio ar fy mhen, neu mi faswn i wedi brifo go-iawn. Mi fuos i yno am wythnos gyfan. Yr hen ddoctor du hwnnw yn gyndyn o 'ngadael i adra, meddwl bod y ddamwain wedi effeithio ar yr ymennydd jyst am ei fod o'n methu 'nallt i'n siarad. Ond mi ddudodd Mam mai fel'na oeddwn i'n naturiol felly mi ges i fynd.

A finna wedi deud petha cas wrth y doctor a bob dim. Arno fo oedd y bai hefyd. Trio cael y ddau swllt o'n llaw i wnaeth o, ond doeddwn i ddim am roi hwnnw i neb.

'Mistyr Picton belong to it!' medda fi.

Ond dwi'n ddiolchgar iawn iddo fo, cofiwch. Dŵad yr holl ffordd o Affrica bell i fendio pen hogyn bach o Fryncoch. Ella mai un o brentisiaid Doctor Livingstone wnaeth ei ddysgu o. Diddorol 'de?

Mi oedd Mistyr Picton yn ypset medda Tecs. Pan glywodd o 'mod i wedi brifo mi aeth yn llwyd i gyd a deud na fasa fo'n medru chwara'r noson honno. Methu chwara heb sigarét oedd o yn ôl Tecs, ond dwi'n meddwl ei fod o'n poeni amdana i. Chwarae teg, mi ddaeth o i 'ngweld i ar ôl i mi gyrraedd adra. Dyna'r tro cynta i mi glywad Mam yn 'i alw fo'n sgamp. Mi ddudodd Taid fod Mam yn nabod brawd Mistyr Picton yn iawn, ac mi oedd hwnnw yn fwy o ddyn o lawar. Fedra i ddim dychmygu neb mwy na Mistyr Picton chwaith.

Mae yna graith ar 'nghorun i hyd heddiw. Y petha Bangor yna wedi 'mhwytho i fel gwnïo sach flawd medda Mam. Dyna pam dwi'n gwisgo cap 'chi. Rhag i neb sylwi. Yr hen falaclava hwnnw gan Taid wisgis i gynta ac mi wnaeth ei waith yn iawn am wn i. Wedyn mi ddechreuodd Mam wau capia bob lliw i mi. Yr un pom pom coch a gwyn oeddwn i'n licio ora achos dyna oedd lliwia tîm Bryncoch, ond mi lyncis i ful hefo fo pan ddudodd Taid 'mod i'n edrach fel treiffl heb setio.

Fuo yna fawr o Gymraeg rhwng Mistyr Picton a fi am ryw ddwy neu dair blynadd wedyn. Roedd o'n dal i

chwara i Fryncoch pan fydda fo adra wrth gwrs, ac mi fydda fo'n gofyn i Tecs o bryd i'w gilydd a oedd 'mhen i'n well. Ta waeth i chi, yn hwyr rhyw nos Wenar cyn gêm dydd Sadwrn dyma gnoc ar y drws ffrynt acw. A fo oedd yno.

'Hwda!' medda fo. 'Dwi wedi dŵad â hwn i ti. Meddwl y basa fo'n cadw dy ben di'n gynnas!'

A dyma fo'n rhoi beret du newydd sbon i mi.

'Beret Armi chi ydi hwn!' medda fi. 'Chi bia fo Mistyr Picton, i fynd hefo'ch iwnifform chi.'

'Dwi wedi cael dimob,' medda fo. 'A dwi wedi cael job. Gweithio hefo fan fara. Ella y cei di ddŵad hefo fi yn y fan, yli. I helpu.'

Ac allan â fo. Mi ddudodd Mam rwbath na fasa hi byth yn prynu bara gan yr hen sglyfath, ond roeddwn i'n rhy brysur yn stydio'r beret. Un da oedd o 'chi. Wel, un da ydi o o hyd. Mae o gen i hyd heddiw. Wedi tyfu hefo 'mhen i rwsut, ac wedi bod hefo fi ym mhob man oedd 'mhen i'n mynd. Mi fydda i'n teimlo'n noeth hebddo fo, a deud y gwir.

Chwara teg i Mistyr Picton hefyd. Mi ges i fynd hefo fo ar y fan fara. Un waith. Ac mi faswn i wedi cael mynd wedyn oni bai am yr hen fusnas hwnnw hefo teisan gwstard Musus Huws, Mount Pleasant. Arni hi oedd y bai; ddim yn gwybod y gwahaniaeth rhwng cyrainj a baw llygod. Cofiwch chi, mae honno'n arw am wneud môr a mynydd o bob dim. Ond doedd dim rhaid iddi hi regi fel'na chwaith!

Felly ar ddydd Sadwrn yn unig y byddwn i'n gweld Mistyr Picton 'radag hynny. Roeddwn i wedi rhyw ddechra helpu hwn a llall o gwmpas Cae Tudor cyn bob gêm. Helpu Harri Jôs Lludw i glirio'r baw gwarthaig mwya' i'r ochor, cymysgu calch iddo fo farcio'r cae, gosod

rhwydi ac yn y blaen. Mi ges i amball i ddamwain fach o bryd i'w gilydd, yn enwedig hefo'r peiriant marcio. Methu'n glir â dygymod hefo cerddad â fy nwy goes ar led a 'mhen i lawr rywsut.

Ta waeth i chi. Mae'n rhaid bod Mistyr Picton wedi sylwi arna i'n helpu, achos mi ofynnodd o i mi un pnawn Sadwrn pan oeddwn i tua un ar bymtheg ballu.

'Ti'n gwybod be ydi leinsman?'

'Ydw,' medda finna. 'Dyn sy'n mynd ffwl-sbîd hefo fflag!'

'Reit. Dyma hi dy un di. Coda hi pan fydd y bêl dros y lein, a dim ond pan fyddan nhw off-side.'

'Be 'di hwnnw?'

'Pan glywi di fi'n gweiddi 'Off-side, reff!' ti'n codi dy fflag!'

'O. Iawn!'

Un da ydi mistyr Picton hefo rheolau a phetha fel'na chi. Bob tro mae yna reol newydd, mi fydd o'n cael llythyr gan yr F.A. Ac os na fydd y rheol yn siwtio Bryncoch, mi fydd o'n gyrru llythyr cas i gwyno strêt awê i F.I.F.I. Dim nonsans!

Dwi'n gwybod yn iawn be ydi cam-sefyllian erbyn heddiw, wrth gwrs. Ond fydda i byth yn codi fflag yn erbyn Bryncoch chwaith. Os bydd yna hen betha cegog yn y tîm arall yn cwyno bod un o'n hogia ni off-seid mi fydda i'n gweiddi 'lefal', ac mi fyddan nhw'n cau eu cega. Dwn i ddim lefal hefo be, ond dim ots.

Dim ond un waith erioed dwi'n cofio iddo fo lyncu mul go iawn hefo fi. Roeddwn i wedi bod yn rhedag y lein ers sbelan go lew erbyn hynny, ac mi oedd Tecs newydd gael job yr Ysgrifennydd am ei fod o'n bostman. Ta waeth i chi, mi wnes i golli 'mhen braidd hefo'r hen reffarî tew hwnnw o Bagillt. Wel, mi oedd o newydd roi dwy benalti yn erbyn Bryncoch, a dyma ni'n colli gêm gwpan o un gôl. Mi es i ato fo ar y diwadd a deud be oeddwn i'n feddwl ohono fo. Yn anffodus, mi es i dros ben llestri braidd, a mi riportiodd y bwbach fi i'r F.A.

Mi ddudodd Mistyr Picton fod y reff yn disgrês, ond fy mod i yn waeth na hynny, felly mi wrthododd yrru llythyr na dim byd drosta i. Ond mi ddaru Tecs arbed fy nghroen i, chwara teg iddo fo. Ma'r llythyra fuo'n fflïo hwnt ac yma am ryw fis wedyn gen i o hyd. Rhai da oeddan nhw hefyd, yn enwedig fy llythyr i at yr hen Rowbottom hwnnw.

Ond chwara teg i Mistyr Picton. Ella eich bod chi wedi rhyw ama' bod rhywun wedi rhoi mymryn o help llaw i mi hefo fy llythyr i. Do. Mi wnaeth Mistyr Picton, chwara teg iddo fo. Ei syniad o oedd sôn am y Rule Book a phetha felly. Ond erbyn meddwl, dwi'n siŵr mai ei syniad o oedd busnas y bwcad a'r Winter Green hefyd. Ta waeth, rydan ni'n dau wedi pasio lot o ddŵr dan y bont ers hynny.

Wel, yn fuan wedyn mi fuo Harri Jôs farw. Heddwch i'w ludw o. Ac mi ges inna'r job o edrach ar ôl y cae. Job bwysig ydi hi hefyd.

'Ma'r sawl sydd yn edrach ar ôl Cae Tudor yn bwysicach na neb arall yn y Clwb,' medda Mistyr Picton. 'Ar wahân i'r Cadeirydd a'r Rheolwr, yr Ysgrifennydd, y chwaraewyr a'r syportars!' Dyna ddeudodd o mewn comiti un waith. Ac mae o'n iawn 'chi. Mi fydda i'n codi ben bora dydd Sadwrn ac yn syth i'r cae. Bob dim yn ei drefn wedyn. Yn gynta, hel y gwarthaig i'r cae nesa. Yna, cau'r giât a charthu. Wedyn marcio a gosod rhwydi, llnau cwt newid a gosod crysau'r hogia ar y pegia. Ac yna gwneud y lemonêd yn barod. Dyna hi wedyn. Mi driodd Tecs a Mistyr Picton fy mherswadio i wneud y lemonêd cyn carthu'r cae, ond doedd o ddim yr un fath rywsut.

Mae'n anodd credu fod yna ddeng mlynedd ar hugain ers y pnawn Sadwrn cynta hwnnw i mi redag y lein. Dwi'm yn amau bod yna amball un o'r hogia yn meddwl 'mod i rêl lembo'r adag hynny 'chi. Ond dwi yma o hyd 'tydw? Mae Mam wedi rhoi'r gora i alw Mistyr Picton yn sglyfath erbyn hyn. Ond mae o'n dal i fod yn sgamp.

Mi ddudodd George lawar gwaith na fasa Mistyr Picton byth yn medru rhedag Bryncoch heb i mi fod yno i'w helpu o. Fi ydi'r left-hand man gora fedar o gael, medda George.

'Chdi sy'n clirio'r tail a Poxy Picton sydd yn chwalu fo, Wal!'

Ond dim ots gen i 'chi. Dwi wedi cael plesar mawr 'dydw? Wedi cael lot o hwyl hefo'r hogia ac wedi gwneud lot o ffrindia. A dwi wedi gweld lot fawr o betha rhyfadd ers y gêm gynta honno i mi ar y lein. Ond stori arall ydi honno 'de. Dwi'n dyfaru dim. Ond mae yna un peth yn fy mhoeni i. Ddysgis i rioed be ar y ddaear ydi sgamp!

Y Llythyr

Digwyddiad anffodus iawn oedd hwnnw pan ges i'r holl helynt yna hefo'r F.A. Ond dwi'n dal i ddeud mai ar y reff oedd y bai i gyd. Mae dwy benalti yn lot 'tydi, yn enwedig hefo Tecs yn y gôl. Ta waeth i chi. Dyma nhw'r llythyra fuo'n mynd yn ôl a blaen rhwng Bryncoch a'r brif ddinas.

Mi ddoth y llythyr cyntaf oddi wrth yr F.A. ar y dydd Iau ar ôl y gêm.

To Secretary
C.P.D. Bryncoch F.C.

Dear Sir

Upon receiving the referee's report on the game between your club Bryncoch and Garreg Eleven F.C. (Garreg Lefn oedd o'n 'i feddwl), you may surmise that I was horrified, thunderstruck and surprised to hear about the events surrounding the after match intercourse (dw i'n gwadu hyn yn llwyr beth bynnag ydi o), between your linesman W. Thomas and the match official P. Rowbottom (pa fath enw ydi peth fel'na?). This sort of behaviour can not be condoned in a civilised society let alone North Wales.

You are hereby summoned to appear before a disciplinary committee of the above body on December 11th at the West Star Hotel, Landudno at 6.30 p.m.

Yours faithfully,

V. Petty

Ateb Tecwyn Parry ar ran y clwb.

Annwyl Mr Petty

Hyfrydwch a braint oedd derbyn eich llythyr am ddigwyddiadau'n dilyn y gêm rhwng Garreg Lefn, — enw hyfryd sy'n golygu "Smooth the Rock" — a thîm pêl-droed Bryncoch. Gwnaeth y dyfarnwr ei orau, chwarae teg, mewn amgylch-iadau anodd ac mae'n ddigon ifanc i ddysgu dirgelion y gêm wedi iddo dyfu fyny. Ond annheg efallai oedd rhoi swyddog amhrofiadol yng ngofal gêm ddarbi fel hon. Teimlwn hefyd nad oedd colli'r contact lens chwarter awr cyn y diwedd wedi helpu Mr Rowbottom wrth iddo geisio dilyn y bêl a hithau'n tywyllu. A gan nad oedd Mr Rowbottom yn hyddysg yn yr heniaith aeth pethau o ddrwg i waeth.

Wedi dweud hynny doedd dim angen i Mr Thomas roi'r bwced am ben Mr Rowbottom yn y stafell newid — er i mi glywed rhai'n dweud bod y dyfarnwr fel pe bai wedi gosod ei ben ei hun yn y bwced, er nad ydi hynny'n swnio'n debygol!

Ynglŷn â mater y sbwnj a'r "Winter Green" roedd hynny'n anffodus ac yn deillio mi gredaf o sensitifrwydd Walter Thomas i gael ei alw'n "cretinous neanderthal". Pawb â'i deimlad.

Byddwn yn falch o gael cyfle i ddod i Landudno i'r pwyllgor. Byddaf fi yno, Arthur Picton y rheolwr, sy'n dymuno gwneud sylwadau am wybodaeth y dyfarnwr o'r rheolau, Mr George Huws, oedd y tu ôl i'r dyfarnwr pan ddigwyddodd y "drosedd honedig" ac un o'n cefnogwyr, Dr Bleddyn ap Andreas F.R.B.S. D.D. M.Sc., arbenigwr yn yr adran optegol (llygaid) yn Ysbyty Gwynedd. Rydan ni'n mynnu y bydd offer cyfieithu ar gael gan mai'r Gymraeg yw ein hiaith gyntaf i gyd ar wahân i Mr Huws.

Yn gywir,

T. Parry (Ysg.)

F.A. Wales Division

To Secretary
CPO Bryncoch F.C.

Dear Mr Parry

Thank you for your letter. It took me a while to get someone who could translate it — such a lovely language don't you think? However, after discussing the matter and seeing your conciliatory tone, we have decided that a nice letter from Mr Thomas to Mr Rowbottom expressing his deep regret at the incident will suffice.

Eich ffyddlondeb,

V. Petty

Fy llythyr i at Mr Rowbottom

Annwyl Mr Rowbottom

Gobeithio eich bod yn iawn acw fel yr ydym ni yma a'ch bod wedi gwella ar ôl yr hen fusnes 'na yn y cwt newid achos mistec a chamgymeriad mawr oedd o i gyd. Tasa 'na rwbath heblaw y bwced o fewn gafael beryg y byddach chi wedi cael hwnnw ar eich pen. Meddyliwch tasa 'na fwrthwl lwmp, neu drosol gerllaw? Cyfrwch eich bendithion fel mae'r hen gân yn 'i ddeud. Am yr hen sbwnj budr 'na y bydda i'n iwsio i llnau briwia a landiodd yn eich ceg, dw i'n teimlo hwyrach bod peth bai arnoch chi. Wedi'r cwbl gan fod eich pen yn y bwced oedd o'n beth call i agor eich ceg led y pen a sgrechian fel porchell? Ro'n i ofn am 'y mywyd y basach chi'n deffro efeilliaid Sandra tu allan i'r drws ac unwaith eto mi allsa pethau fod wedi bod yn waeth o lawer. Beth petawn wedi rhoi crys chwyslyd Graham neu shorts sglyfaethus Harri, neu sanau drewllyd John Bocsar yn eich ceg? Pwy ŵyr pa afadwch fyddai ar eich gweflau erbyn hyn a chithau'n hogyn ifanc yn chwilio am wraig. Na, wir, doedd y sbwnj budr 'na'n ddim wrth y pethau eraill oedd wrth law!

Rŵan, am y Winter Green 'na gafodd 'i dywallt i lawr eich trowsus. **Nid** fy syniad i oedd hwnna ond dw i'n fodlon cymryd y bai, cofiwch. Fedra i ddim dweud pwy ddaru heblaw ei fod o'n sefyll y tu ôl i chi. (Nid rŵan wrth reswm.) Dw i'n gwbod ei fod o'n hen beth poenus iawn ond ar ddiwrnod mor rhynllyd mae'n siŵr eich bod wedi cynhesu trwyddoch ar ôl y driniaeth. Mae Mam yn deud 'i fod o'n wych o beth at wella cylchrediad y gwaed. O leia chewch chi ddim crycymalau yn eich pen ôl ar ôl hynna!

Wel dyna ni. Gobeithio na fyddwch chi'n dal dig 'te achos dim ond gêm ydi hi wedi'r cyfan a mae pawb yn ffrindia yn y diwedd 'tydyn? Fel arwydd o wyllys da dw i wedi prynu copi o'r FA

Rule Book, ac wedi marcio rhai pethau gwerth-
fawr fel cam sefyllian, ffowlio ac yn y blaen.

Pob lwc a Nadolig Llawen i chi a'r teulu

Cofion

Wali

Psss

Rhag ofn 'mod i wedi gadael coma neu ffwl stop
allan dyma i chi hanner dwsin i'w rhoi lle mae eu
hangen.

,,,,,,

......

Diweddglo

A thra bu Wali'n ymgolli yn ei atgofion, parhaodd y dadlau yn y comiti. Yna, gydag Arthur ar fin cymharu arferion 'molchi George ag un o anifeiliaid y maes, fe dorrodd Wali ar ei draws.

'Na. Efbyn meddwl, Mistyf Picton, chi sy'n iawn!'

Doedd neb wedi cytuno ag Arthur ers tro byd, ac edrychodd arno'n syn.

'Be 'ti'n feddwl?'

'Fasa neb isio dafllan fy hanas i.'

Daeth gwên foddhaus ar wyneb y Cadeirydd, a dywedodd yn dadol. 'Cweit reit, 'ngwas i. Mae 'na rai ohonan ni wedi gweld mwy na'i gilydd, wsti.'

'Pwy? Chdi, Arthur?' ebychiodd Tecs.

Cynhyrfodd Wali drwyddo. Roedd o wedi cofio rhywbeth yn sydyn.

'Ia. 'Dach chi wedi chwafa i Gymfu, do!'

Cuchiodd Arthur. Yn ddiarwybod braidd roedd Wali wedi taro ar bwnc sensitif. Synhwyrodd Tecwyn Parri hyn, ac ymledodd gwên dros ei wyneb.

'Mi fasa'n rhaid deud y gwir cofia, Arthur. Dim straeon clwyddog!'

'Llyfr tena iawn felly, Affyr!'

Ond roedd Wali'n benderfynol o ymladd achos ei gadeirydd.

'Ella mai Chwedl Afthuf II fasach chi'n ei alw fo, Mistyf Picton!'

'Be?'

Roedd Wali ar ei draed erbyn hyn, ac yn gafael yn sownd yn y bwrdd o'i flaen.

'Wel. Mi o'dd gan hwnnw fofd gfon yn doedd. Ac mae gynnoch chi fwfdd comiti!'

Edrychodd Arthur arno'n fud hollol.

'Ac mi o'dd gynno fo fafchogion. Fel ma' gynnoch chi Tecs a fi a Geofge, a thîm Bfyncoch!'

Erbyn hyn roedd Arthur yn teimlo'n bur annifyr, ac yn erfyn ar i'r ddau arall droi'r stori rywsut.

'Wel . . . ella bod yna ryw debygrwydd. Ond . . . '

Cododd George ei ben yn sydyn.

'Be? O'dd King Affyr yn dreifio fan becar?'

Ar hyn fe ffrwydrodd y Cadeirydd am yr eildro y noson honno. Cododd ar ei draed yn sydyn gan rythu, ac nid am y tro cyntaf, ar ei fab-yng-nghyfraith.

'Twmffat! Ylwch. Anghofiwch amdano fo. Dwi'n mynd!'

Cododd Tecs y darn papur a fu'n destun cymaint o ddadlau.

'Ond be wna i hefo'r llythyr, Arthur?'

'Postia fo!'

Ar hynny, dyma Cadeirydd y Clwb yn gadael yr ystafell bwyllgor. Clepiodd y drws gyda'r fath angerdd nes tynnu nodyn reit swynol o'r biano. Tecwyn oedd y cyntaf i siarad.

'Be wnawn ni rŵan?'

Sythodd George yn ei gadair.

'Y . . . Ga i ofyn un peth rŵan ma' Poxy Picton wedi mynd a cadar fo yn wag?'

'Be, George?'

'Wel. Wyddoch chi yr efaills newydd 'sgin Sand a fi . . . Un hogan ac un hogyn ydyn nhw, 'ta un hogan ac un ap?'

Edrychodd Tecs a Wali ar ei gilydd. Gwenodd y dyn â'r gôt oel yn rhadlon.

'Ew. Cês ydi hwn, Tecs!'

Cododd Tecwyn Parri ar ei draed. Cerddodd at y drws gan amneidio ar George i'w ddilyn.

'Ia. Da iawn, George. Da iawn. Cofia gloi'r drws heno, Wali!'

'O. Ffanciw, Tecs!'

Cododd Wali yntau ar ei draed. Aeth at swits y golau a'i ddiffodd yn ofalus. Yna gafaelodd yn ddeddfol yn y goriad a chaeodd y drws yn glep ar noson gythryblus arall yn hanes pwyllgor Clwb Ffwtbol Bryncoch United. Daeth gwên fach dros ei wyneb wrth feddwl am holl droeon trwstan y noson. Yna stwffiodd ei ddwy law yn ddwfn i'w gôt oel, a chamodd allan i'r tywyllwch.